D1688941

Hartz IV
Alles, was Sie wissen müssen

Thomas Rosky

Hartz IV
Alles, was Sie wissen müssen

So setzen Sie Ihre Ansprüche durch

Weltbild

Besuchen Sie uns im Internet:
www.weltbild.de

Haftungsausschluss

Die Inhalte dieses Buches sind sorgfältig recherchiert und erarbeitet worden. Dennoch kann weder der Autor noch der Verlag für die Angaben in diesem Buch eine Haftung übernehmen. Weiterhin erklären Autor und Verlag ausdrücklich, dass sie trotz sorgfältiger Auswahl keinerlei Einfluss auf die Gestaltung und die Inhalte der im Buch aufgeführten Internetseiten haben. Deshalb distanzieren sich Autor und Verlag hiermit ausdrücklich von allen Inhalten aller Seiten und machen sich diese Inhalte nicht zu Eigen. Diese Erklärung gilt für alle in diesem Buch aufgeführten Links.

Impressum

Es ist nicht gestattet, Abbildungen und Texte dieses Buches zu digitalisieren, auf digitale Medien zu speichern oder einzeln oder zusammen mit anderen Bildvorlagen/Texten zu manipulieren, es sei denn mit schriftlicher Genehmigung des Verlages.

Weltbild Buchverlag
–Originalausgaben–
Copyright © 2007 by Verlagsgruppe Weltbild GmbH
Steinerne Furt, 86167 Augsburg
2. Auflage 2007
Alle Rechte vorbehalten

Der Nachdruck des Textes von Reinhard Tausch erfolgt mit freundlicher Genehmigung der Rowohlt Taschenbuch Verlag GmbH aus dem Buch: Reinhard Tausch, »Hilfen bei Stress und Belastung. Was wir für unsere Gesundheit tun können« Copyright © 1993/1996 by Rowohlt Taschenbuch Verlag GmbH, Reinbek bei Hamburg.

Die im Text erwähnten Namen *eBay* und *PayPal* sind eingetragene Markenzeichen.

Projektleitung: Gerald Fiebig
Umschlaggestaltung: X-Design, München
Umschlagfoto: mauritius images/Spirit
Abbildungen im Innenteil (ALG-II-Antrag): Bundesagentur für Arbeit
Layout: avak Publikationsdesign, München
Layoutrealisation und Satz: Dirk Risch, Berlin
Druck und Bindung: Bagel Roto-Offset GmbH & Co. KG, Schleinitz

Gedruckt auf chlorfrei gebleichtem Papier

Printed in the EU

ISBN 978-3-89897-671-8

»Jeder Mensch hat das Recht auf Arbeit, auf freie Berufswahl, auf angemessene und befriedigende Arbeitsbedingungen sowie auf Schutz gegen Arbeitslosigkeit.«

Allgemeine Erklärung der Menschenrechte, Art. 23,1

Inhalt

Einführung 12

Meinungen und Kommentare zu Hartz IV 21

Hartz IV und die neue Grundsicherung 24

Wer hat Anspruch auf Arbeitslosengeld II (ALG II)? 25
Was heißt »erwerbsfähig«? 25
Was heißt »hilfebedürftig«? 26
Wer gehört denn nun konkret zum berechtigten Personenkreis? 27
Wer ist vom Bezug der Hartz-IV-Leistungen grundsätzlich ausgeschlossen? 28
Die »Bedarfsgemeinschaft« – ein zentraler Begriff im SGB II 28
Die sogenannte »Einstehensgemeinschaft« 30
Was ist eine Haushaltsgemeinschaft? 31
Beispiele für Bedarfs-, Haushalts- und Wohngemeinschaften 32

Wer bekommt wie viel? 37
Die Regelleistung 37

Was zur Regelleistung hinzukommt 40

Leistungen für Unterkunft und Heizung 40
Leistungen für Mehrbedarfe bei Lebensunterhalt
und Ernährung 52
Leistungen für einmaligen Bedarf 55
Befristeter monatlicher Zuschlag nach Bezug von
Arbeitslosengeld (I) 56
Beiträge zur Kranken-, Pflege- und Renten-
versicherung 58
Mögliche Leistungen in Form von Darlehen 59

Wie Sie Ihr Einkommen und Vermögen sichern und Freibeträge nutzen 63

Was ist der Unterschied zwischen Einkommen und Vermögen? 64

Was zum Einkommen zählt 64
Was nicht zum Einkommen gehört 64
Was zum Vermögen zählt 67

Welche Freibeträge stehen Ihnen zu? 70

Vermögensfreibeträge 77
Weitere Freibeträge 78

Haushaltseinkommen mit ALG II: Musterrechnungen 80

Der Antrag auf ALG II 86

Wo Sie den Antrag erhalten 86

Was Sie vorab beachten sollten 88

So füllen Sie den Antrag auf ALG II (richtig) aus 92

Allgemeine Daten des Antragstellers/
der Antragstellerin 93
Persönliche Verhältnisse 94
Persönliche Verhältnisse der mit dem Antragsteller/
der Antragstellerin in einer Bedarfsgemeinschaft
lebenden weiteren Personen 98
Leistungen für besondere Mehrbedarfe 99
Wohnverhältnisse bzw. angemessene Kosten für
Unterkunft und Heizung 100
Einkommensverhältnisse des Antragstellers/der
Antragstellerin und der in der Bedarfsgemeinschaft
lebenden Personen 100
Vermögensverhältnisse des Antragstellers/der
Antragstellerin und der in der Bedarfsgemeinschaft
lebenden Personen 102
Unterhaltsansprüche gegenüber Dritten 103
Ansprüche gegenüber Arbeitgeber, Sozialleistungs-
träger und Schadensersatzansprüche 104
Weitere Angaben, die für die Leistungsgewährung
von Bedeutung sein können 105

Angaben überprüfen und unterschreiben 105

Was kann ich von der Behörde erwarten, was erwartet die Behörde von mir? 107

*Schwarz auf weiß – die Eingliederungs-
vereinbarung* 109

*Eine unselige Pflicht: Sie müssen jede
zumutbare Arbeit annehmen!* 114

Sonderfall: Ein-Euro-Jobs 116

Leistungskürzungen 118

Wie Sie sich wehren können 121

Der Widerspruch *121*
Ist das Geld knapp, beantragen Sie eine einstweilige Anordnung 122
Der nächste Schritt – die Klage *123*

Hartz IV: die wichtigsten Begriffe von A bis Z 124

Die Situation des Hartz-IV-Empfängers 132

Trotzdem fit bleiben – was Sie tun können 138

Georg Kiefner: Nutzen Sie die Energien, die in Ihnen stecken 150

Reinhard Tausch: Hilfen bei Stress und Belastung 155

Tipps für den kleinen Geldbeutel 165
Das soziale Konzept der »Tafel« *165*
Wie die »Tafeln« entstanden 166
Entwicklung der »Tafel« 167
Organisation und Finanzierung der »Tafel« 169

Kleiderkammern *171*

(Super)günstig kaufen und verkaufen (im Internet) – eine kurze Einführung in eBay *172*
Voraussetzungen 173
Anmeldung 173
Einloggen/Ausloggen 174

Auktionen verwalten mit »Mein *eBay*« 174
Auf einen Artikel bieten und kaufen 175
Einen Artikel verkaufen 181

Anhang 195

Musterbriefe 196

Muster 1: Widerspruch gegen ALG-II-Bescheid 196

Muster 2: Widerspruch gegen Ablehnung des Antrags auf ALG II (Ablehnungsbescheid) wegen Vermögensanrechnung 197

Muster 3: Widerspruch gegen Ablehnung des Antrags auf ALG II (Ablehnungsbescheid) wegen Einkommensanrechnung bei eheähnlicher Gemeinschaft 199

Muster 4: Widerspruch gegen Ablehnung des Antrags auf ALG II (Ablehnungsbescheid) wegen Einkommensanrechnung bei einer Haushaltsgemeinschaft 201

Muster 5: Widerspruch gegen ALG-II-Bescheid wegen teilweiser Ablehnung der Übernahme der Unterkunftskosten 203

Muster 6: Widerspruch gegen ALG-II–Bescheid wegen Minderung der Leistungen 205

Muster 7: Widerspruch gegen ALG-II–Bescheid wegen Verfahrensfehler 207

Muster 8: Klage gegen Widerspruchsbescheid 209

Literaturhinweise und -empfehlungen 211

Informationen der Bundesagentur
für Arbeit 212

Nützliche Internetadressen 212

Auszüge aus dem SGB II 213

Gerichtsurteile zu Hartz IV 223

Stichwortverzeichnis 223

Interviews mit Betroffenen
Für dieses Buch wurden mündlich und per E-Mail mehrere Interviews mit Hartz-IV-Betroffenen geführt, aus denen im Text zitiert wird. Im kompletten Wortlaut sind die Interviews auf den nachstehend genannten Seiten zu finden.

Fred K., 45 Jahre alt, ausgebildeter Industriekaufmann	*35*
Claudia M., 28 Jahre alt, Grafikerin	*60*
Susanne K., 27 Jahre alt, ehemalige Hartz-IV-Empfängerin	*127*
Natascha W., 23 Jahre alt, Hartz-IV-Empfängerin	*147*
Frank S., 24 Jahre alt, ohne Ausbildung	*185*

Einführung

Für mittlerweile fast sieben Millionen Menschen in Deutschland ist es zur bitteren Realität geworden: das Leben mit Hartz IV. Am 1.1.2005 trat es in Kraft, das »Vierte Gesetz für moderne Dienstleistungen am Arbeitsmarkt«, das bis heute nicht nur von Gewerkschaften und Wohlfahrtsverbänden heftigst kritisiert und bekämpft wird.
»Hartz IV« wurde für 2004 von der Gesellschaft für deutsche Sprache zum »Wort des Jahres« gewählt. Viele, und zwar nicht nur Hartz-IV-Empfänger, hätten es sicherlich lieber gesehen, wenn es auf der Liste zum »Unwort des Jahres« aufgetaucht wäre. Das auch unter Ökonomen umstrittene Gesetz hat die Ungleichheit weiter verstärkt und zu sozialer Benachteiligung, ja zum Anstieg der Armut in Deutschland geführt, sagen die Kritiker. Doch durch Druck die Bereitschaft zu arbeiten – gerade auch im Hinblick auf die schwer vermittelbaren Langzeitarbeitslosen – weiter zu erhöhen, war auch eines der Ziele der im Februar 2002 eingesetzten Kommission, der unter anderem Wirtschaftsmanager, Politiker, Sozialwissenschaftler und Gewerkschaftsführer angehörten.
Diese sogenannte Hartz-Kommission unter Vorsitz des mittlerweile durch anderes in die Schlagzeilen geratenen Peter Hartz sollte Vorschläge ausarbeiten, um die bis dahin so behäbige Bundesanstalt für Arbeit zu reformieren und die Arbeitsmarktpolitik effizienter zu gestalten.
Die Arbeitslosenzahl in vier Jahren zu halbieren, das war das erklärte Ziel, das Bundeskanzler Schröder und Hartz dann vollmundig verkündeten. Davon spricht heute niemand mehr – auch wenn sich erste Hoffnungen regen.

Gesetzliche Grundlagen

Die Einführung von Hartz IV steht für den bisher größten und umstrittensten Umbau des Sozialstaats in der Geschichte der Bundesrepublik Deutschland. Dafür wurde eigens ein neues Sozialgesetzbuch geschaffen: das SGB II (die so genannte Grundsicherung für Arbeitsuchende). In dieser »Grundsicherung für Arbeitsuchende« wurden Arbeitslosenhilfe und Sozialhilfe zusammengelegt. Für all diejenigen, die zwischen 15 und 65 Jahre alt und hilfebedürftig und erwerbsfähig sind, ist diese Grundsicherung gedacht. Sie alle haben Anspruch auf das Arbeitslosengeld II (ALG II) – allerdings nur in Höhe der bisherigen Sozialhilfe. Die Sozialhilfe gibt es zwar immer noch (nun SGB XII), sie gilt aber nur mehr für einen sehr kleinen Kreis von Bedürftigen, die aus gesundheitlichen oder anderen Gründen nicht erwerbsfähig sind. Der Anteil der Sozialhilfebezieher an der Bevölkerung verringerte sich von 3,5 auf unter 0,1 Prozent. Noch etwas hat sich entscheidend geändert: Hatte man früher einen eher zwanglosen Draht zum Arbeitsamt und den dortigen Sachbearbeitern, wird einem heute mit härtesten Sanktionen gedroht, wenn man eine »zumutbare« Arbeit nicht annimmt. Man nennt das: »die Wiedereingliederung in den Arbeitsmarkt erleichtern«. Hauptsache, man arbeitet irgendetwas, das ist gut für die Statistik, denn so sinken die Arbeitslosenzahlen – und das wiederum ist gut für die Politiker. Dabei haben sich Hartz-Kommission und Bundesregierung, was die Zumutbarkeitsregel betrifft, an den offenbar greifenden Reformen in anderen europäischen Ländern (z. B. in Großbritannien, Dänemark und Österreich) orientiert.

Der Fallmanager

Auch die Sachbearbeiter werden stärker in die Mangel genommen. Sie sollen plötzlich alle – von heute auf morgen – zu kompetenten »Fallmanagern« geworden sein, die jeden einzelnen Arbeitslosen individuell beraten. Jeder Arbeitslose hat von nun an einen solchen »persönlichen Ansprechpartner« (im Behördenjargon kurz »PAP« genannt), der ihn regelmäßig betreut, auch bei persönlichen und sozialen Problemen, die ihn daran hindern, einen Job zu finden. Weil das so zeitaufwendig ist, hat die Behörde, die sich heute Arbeitsagentur nennt, beschlossen, dass sich ein Ansprechpartner in Zukunft um etwa 75–150 Kunden kümmert, im Gegensatz zu früher, wo ein Vermittler für etwa 800 Arbeitsuchende zuständig war.

Der Fallmanager ist also nicht nur Sachbearbeiter, er sollte möglichst auch über pädagogische und psychologische Fähigkeiten verfügen. Was eigentlich auch schon früher im günstigsten, aber seltensten Falle so war. Ich erinnere mich beispielsweise an meinen damaligen Arbeitsberater, der mir mit seiner Ironie, Schnoddrigkeit und Einfühlung sehr imponiert, mich nachhaltig positiv beeinflusst und mich angetrieben hat, meine Fähigkeiten und Talente doch endlich zu nutzen. Es ist die menschliche Komponente in einer solchen Beziehung, die einem weiterhilft.

Der heutige Fallmanager, der das von oben vorgegebene Prinzip des »Förderns und Forderns« verinnerlicht hat (Gerüchte besagen, dass das »Fördern und Fordern« viele Fallmanager derart überfordere, dass deren Krankmeldungen rasant zugenommen hätten), sitzt natürlich von vornherein am längeren Hebel. Das Androhen verschärfter Sanktionen und eine stärkere Kontrolle Ihrer Jobsuche geben ihm leider auch ein gewisses autoritäres Image, was eine vertrauensvolle, ehrliche Beziehung nicht unbedingt fördert.

Das heißt nicht, dass Sie sich gegen Ihrer Meinung nach unzumutbare Jobzuweisungen nicht auch wehren können. Ganz im Gegenteil, es wird Ihrem Selbstbewusstsein gut tun, wenn Sie einen eigenen Standpunkt vertreten und begründen. Schließlich suchen *Sie* eine Arbeit, nicht Ihr Arbeitsberater.

Gründe der Arbeitslosigkeit

Die Gründe für ein Abrutschen in die Arbeitslosigkeit sind vielfältig, angefangen von der 37-jährigen ehemals erfolgreichen Existenzgründerin, die durch die Insolvenz und Zahlungsunfähigkeit eines ihrer wichtigsten Auftraggeber tief in die roten Zahlen geriet und aufgeben musste, über den Jugendlichen, der nach seiner Ausbildung keinen adäquaten Arbeitsplatz findet, bis hin zum heute 55-Jährigen, der einer Massenentlassung seiner Firma zum Opfer fiel, aufgrund seines Alters schwer vermittelbar war und seit mittlerweile fünf Jahren arbeitslos ist. Die Gründe der Arbeitslosigkeit sind komplexer Natur, und viele Arbeitslose sind unverschuldet in diese Situation geraten und bemühen sich nach Kräften, eine Arbeit zu finden. Kein Hartz-IV-Empfänger ist glücklich mit sich und seiner Lage. Und Hartz IV kann jeden treffen. Unsere Arbeitswelt ist im Umbruch. Lebenslange Beschäftigungsverhältnisse in ein- und derselben Firma sind mittlerweile eine Ausnahme. Ein Arbeitsleben ohne Brüche und Überbrückungsphasen wird es in Zukunft kaum noch geben.

Wie bedrückend diese Situation sein kann, und wie sehr es einen Menschen belastet, bei 345 Euro im Monat – so hoch ist der Regelsatz des ALG II – jeden Euro zu zählen, um einigermaßen zu überleben, das kann natürlich nur jemand nachempfinden, der selbst schon einmal längere Zeit in einer solchen Lage war. Alle anderen, insbesondere Politiker, die Arbeitslosigkeit und finanzielle Not nur aus der Theorie kennen und ein monatliches Einkommen von 14 000 Euro beziehen, sollten ihre Worte wägen.

Psychologische Aspekte
Sehr wahrscheinlich werden Sie sich als Hartz-IV-Empfänger manchmal auch selbst bemitleiden, zu Selbstzweifeln neigen und sich vielleicht sogar Vorwürfe machen, die Situation selbst verschuldet zu haben. Das ist eine normale Reaktion, und das geht den allermeisten Ihrer Leidensgenossen genauso. Doch gilt es – und dazu soll dieses Buch Sie anregen und motivieren –, sich selbst wieder zu vertrauen und die Initiative über das eigene Leben zu behalten bzw. zurückzugewinnen. Gehen Sie in die Offensive, nicht nur, was das Leben mit Hartz IV, sondern auch, was die Jobsuche angeht. Sehen Sie Ihre Arbeitslosigkeit positiv, als Chance, neu anzufangen. Werden Sie offensiv, was Ihr schmales Salär angeht. Stehen Sie dazu. »Armut drückt zwar, aber schändet nicht«, besagt ein deutsches Sprichwort. Dennoch ist ein leerer Geldbeutel eines der größten gesellschaftlichen Tabus. Darüber wird nicht gern gesprochen – als wäre es eine ansteckende Krankheit. Nutzen Sie frohen Mutes und guten Gewissens die Angebote der Tafel oder der Caritas, falls Sie mit dem Regelsatz nicht auskommen. Für welche Bedarfe Sie neben dem Regelsatz zusätzliche Gelder beantragen können, erfahren Sie in diesem Buch.
Nutzen Sie Ihre freie Zeit (Endlich haben Sie einmal Zeit nur für sich!), um sich ernsthaft Gedanken über ihre Stärken und Fähigkeiten zu machen, denn die haben Sie zweifellos. Hören Sie in erster Linie auf sich und nicht auf das, was andere Ihnen raten. Was wollen Sie selbst, was erwarten und erhoffen Sie sich vom Leben? Gehen Sie aktiv und zielstrebig Tätigkeiten nach, die Sie wirklich interessieren, auch wenn Sie vielleicht im Moment kein Geld damit verdienen. Mehr über diese sogenannte intrinsische Motivation, die das Leben so lebenswert macht, erfahren Sie im hinteren Teil dieses Buches (ab Seite 143).

Aber auch wenn Sie regelrecht entmutigt sind (Ihr Selbstbewusstsein ist im Keller), scheuen Sie sich nicht davor, Ihre Verfassung so zu sehen, wie sie ist. Reden Sie darüber mit Ihrem »Fallmanager«, und lassen Sie sich helfen, wenn nötig auch mit Hilfe einer Verhaltenstherapie oder einer Selbsthilfegruppe. Dazu haben Sie das Recht. Der Fallmanager ist Ihnen gegenüber verpflichtet, Sie auch bei persönlichen Problemen, die Sie bei der Arbeitssuche behindern, umfassend zu unterstützen und Ihnen weiterzuhelfen. Aber behalten Sie sich vor, sich die Gruppe oder den Therapeuten auszusuchen. Sie brauchen eine wohlwollende und Ihnen guttuende Atmosphäre, um ein Vertrauensverhältnis aufzubauen und sich weiterzuentwickeln.

Was bringt Hartz IV?

Ob Hartz IV eine positive Wirkung auf die Arbeitsmarktsituation hat bzw. haben wird, ist bis heute unklar. Es steht außer Frage, dass einige Menschen einen gewissen Druck von außen brauchen, um sich zu regen. Es gibt allerdings auch solche, die darauf kontraproduktiv reagieren, was nichts mit einem schlechten Charakter, sondern mit Eigenständigkeit zu tun hat. Doch die hohe Arbeitslosigkeit ist natürlich in erster Linie auf die schlechte Arbeitsmarktlage und nicht auf die mangelnde Leistungsbereitschaft oder Arbeitsmoral der Arbeitsuchenden zurückzuführen. (Letzteres wird von manchen Politikern gerne unterstellt, um von den eigenen Defiziten abzulenken.) Wie unausgegoren die Hartz-IV-Reform ist, zeigen die nachträglich vorgenommenen Änderungen, die zahlreichen Urteile der verschiedenen Sozialgerichte und die mager ausfallende Bilanz der Ein-Euro-Jobs, die zeitgleich mit Hartz IV eingeführt worden sind. So musste die Bundesagentur für Arbeit unlängst eingestehen, dass die gemeinnützigen Ein-Euro-Jobs nur sehr selten zu ei-

ner dauerhaften neuen Arbeit verhelfen. Von Eingliederung in den Arbeitsmarkt kann also keine Rede sein. Und nicht nur die Gewerkschaften bemängeln die verschärften Zumutbarkeitskriterien der Bundesagentur, die Langzeitarbeitslose dazu verpflichten, selbst sehr niedrig bezahlte Arbeit weit unterhalb ihrer Qualifikation »zu fast jedem Preis« anzunehmen. Lohndumping und soziale Verwerfungen seien die Folgen. Geringer Qualifizierte würden so vom Arbeitsmarkt gedrängt, und die Langzeitarbeitslosigkeit würde sich weiter verfestigen. *(DGB-Bundesvorstand, Broschüre zu Hartz IV, 13.7.2004)*
Und doch gibt es erste Hoffnung. Seit 2006 kommt es – für viele überraschend – zu einem wirtschaftlichen Aufschwung und zu einem Sinken der Arbeitslosenzahlen (vor allem bei ALG-I-Empfängern). Arbeitsminister Franz Müntefering gibt sich optimistisch: »Wer arbeitslos ist, kann hoffen, Arbeit zu finden. Das ist die Wende.« Alexander Spermann vom Zentrum für Europäische Wirtschaftsforschung gibt sich da eher skeptisch: »Bei den Beziehern von ALG II kann ich eine Trendwende nicht erkennen.« Die Zahl der ALG-II-Empfänger ist gegenüber dem Vorjahr weiter deutlich gestiegen *(Frankfurter Allgemeine Sonntagszeitung, 18.2.2007, S. 41)*. ALG II erhalten mittlerweile 42 Prozent aller Arbeitslosen. Frank-Jürgen Weise, der Chef der Bundesagentur für Arbeit, meint sogar, dass es ausreichend Arbeit gäbe – er schätzt, zusätzliche Jobs für zwei bis drei Millionen Menschen –, dass diese Arbeit aber vor allem schwarz ausgeübt werde *(Frankfurter Allgemeine Sonntagszeitung, a. a. O.)*.

Für ein neues Verständnis von Arbeit
Wir wissen nicht, wie sich die Situation auf dem Arbeitsmarkt weiter entwickeln wird. Doch mit Übergangslösungen ist keinem Hartz-IV-Empfänger wirk-

lich gedient. Es geht darum, langfristig einen befriedigenden Job zu finden, der zu den eigenen Fähigkeiten passt. Auch wenn es notwendig sein wird, im Moment einer Übergangslösung zuzustimmen– entscheidend ist ein grundsätzliches Nachdenken über Arbeit, nicht nur von Seiten der Behörden, sondern auch von Seiten des Arbeitsuchenden. Arbeit und Zufriedenheit dürfen sich nicht ausschließen. Ganz im Gegenteil. Nur die Arbeit, in der man aufgeht und die man gerne tut, führt zu einem wirklich lebenswerten Leben. Arbeit hat elementare Bedeutung für die eigene Identität und das Selbstwertgefühl. Wie diese Arbeit aussieht, welche Voraussetzungen sie hat, auch darüber gibt dieses Buch Auskunft. In einem Gespräch mit dem Münchner Psychoanalytiker Dr. Rolf Schmidts gehe ich der Frage nach, was Arbeitslosigkeit in psychologischer Hinsicht bedeutet und welche Rolle Motivation und soziale Vernetzung spielen, um gesund zu bleiben. Auch praktische Tipps und Anregungen zur Erkennung der eigenen Fähigkeiten und der jedem innewohnenden Kreativität werden nicht fehlen. Man kann selbst etwas tun, um seine Situation zu verbessern!

Und warum nicht von erfolgreichen Menschen lernen? Genauso wie man von den über 100-Jährigen etwas über Gesundheit lernen kann, so kann man auch von erfolgreichen Menschen etwas über Erfolg lernen. Interessant ist, dass alle diese Menschen die Rolle der Leidenschaft betonen. Ihre übereinstimmende Empfehlung: »Wähle einen Beruf, den du liebst und der dir etwas bedeutet. Dann hast du auch Erfolg «, sollte Politiker und Fallmanager zum Nachdenken bringen (siehe dazu auch das Kapitel *Nutzen Sie die Energien, die in Ihnen stecken*). Es kann durchaus dauern, bis man diesen Beruf gefunden hat. Viele große Karrieren sind nicht geradlinig verlaufen. Der Regisseur Robert Altman hat als Hundetätowierer angefangen, Joanne K.

Rowling, die Autorin von *Harry Potter*, hat fünf lange Jahre von Sozialhilfe gelebt, bevor ihr mit einer Erzählung, die sie eigentlich nur für ihren fünfjährigen Sohn geschrieben hatte, der Durchbruch gelang. Mein Großvater erzählte mir als Kind immer voller Stolz von einem großen Fabriktor, das er als Schlosser gefertigt hatte und für das er sehr viel Anerkennung erhielt. Auch das ist eine Erfolgsgeschichte, und auch sie hat mit Leidenschaft zu tun. Es gab und gibt auch in Ihrem Leben Situationen, in denen Sie Lob und Anerkennung für eine Leistung empfangen haben. Erinnern und vergegenwärtigen Sie sich diese Momente – auch wenn sie vielleicht schon länger zurückliegen. Hier sollten Sie anknüpfen. Fähigkeiten und Talente wollen trainiert werden. Positive Imaginationen sind ganz wichtig, um wieder Tritt zu fassen und offensiv zu werden. Es gibt sehr verschiedene Wege, dieses Ziel zu erreichen und sich selbst zu motivieren. Um Ihnen eine Auswahl zu bieten, lasse ich zu diesem Thema zwei Experten mit ganz unterschiedlichen Ansätzen zu Wort kommen: den Unternehmer Georg Kiefner und den Psychologen Reinhard Tausch.

Was leistet dieses Buch?
Dieses Buch will Sie in verständlicher Weise durch den Hartz-IV-Dschungel führen. Es soll Ihnen zeigen, welche Ansprüche Sie haben, welche Leistungen Ihnen konkret zustehen und wie Sie sie durchsetzen können. Es soll Ihnen auch zu einem souveränen, selbstbewussten Umgang mit den Behörden verhelfen. Detaillierte Tipps und Hinweise werden Sie dabei unterstützen, den 16-seitigen Antrag auf ALG II auszufüllen. Das Leben mit Hartz IV ist nicht auf den Umgang mit der Arbeitsagentur beschränkt. Es erwarten Sie Tipps und Anregungen zur Jobsuche und Hinweise, wie Sie auch mit knapper Kasse gut leben können.

Meinungen und Kommentare zu Hartz IV

»Deutschland in Arbeit zu bringen, das ist unsere wichtigste Aufgabe in den kommenden Monaten und Jahren.«
Wolfgang Clement im Vorwort einer im Dezember 2004 erschienenen Publikation des Bundesministeriums für Arbeit zum sogenannten Hartz-IV-Gesetz

»Von den Arbeitslosen werden Einschnitte gefordert, während das reiche Viertel der Gesellschaft keine Abstriche machen muss.«
Wolfgang Huber, Ratsvorsitzender der EKD, am 17.8.2004 im WDR

»Wenn Arbeitsuchende, ungeachtet ihrer Qualifikation, jeden Arbeitsplatz akzeptieren müssen, so ist dies nicht nur demütigend, sondern auch wirtschaftspolitisch unsinnig.«
ZDK-Präsident Hans Joachim Meyer in einer Presseerklärung am 10.9.2004

»Ich käme mit 345 Euro über die Runden.«
Klaus Brandner, arbeits- und sozialpolitischer Sprecher der SPD-Bundestagsfraktion (in einem Interview mit junge Welt, *17.1.2005)*
[Die Bruttodiäten eines Bundestagsabgeordneten betragen 7009 Euro zzgl. 3647 Euro Kostenpauschale.]

»Das Sozialgesetzbuch II hat das Ziel, Langzeitarbeitslose in den ersten Arbeitsmarkt zu integrieren. Sie sollen wieder sozialversicherungspflichtige Arbeit bekommen. Dieses Ziel wird mit den Ein-Euro-Jobs

verfehlt. (...) Außerdem sollen sich Ein-Euro-Jobs nach dem Gesetz nicht normalen Arbeitsverhältnissen annähern, etwa bei der Zahl der Arbeitsstunden. Tatsächlich werden die Menschen aber oft 30 oder 35 Stunden die Woche beschäftigt.«
Wolfgang Spellbrink, Richter am Bundessozialgericht, in epd Sozial *Nr. 49 vom 8.12.2006*

»Der 1. Februar 2006 wird als schwarzer Tag für Arbeitslose in die Geschichte eingehen. Die drastische Reduzierung der Anspruchsdauer für Arbeitslosengeld (I) auf maximal 12 bzw. 18 Monate (für über 55-Jährige) beschleunigt die Talfahrt in die Armut.«
Gunnar Winkler, Präsident der Volkssolidarität, 17.1.2007 (zitiert in: www.gegen-hartz.de)

»Mit dem SGB-II-Optimierungsgesetz wird Hartz IV keinen Deut besser. Die Bundesregierung setzt auf verschärfte Kontrollen und Kürzungen, ohne die Arbeitsförderung zu verbessern. Damit wird das Prinzip ›Fördern und Fordern‹ immer mehr zu einer Blaupause für Sozialabbau. Wir fordern die Bundesregierung zu einer nachhaltigen Trendwende bei Hartz IV auf. Das bisherige Ergebnis von Hartz IV ist nicht die Reduzierung der Langzeitarbeitslosigkeit, sondern eine Verdrängung des Niedriglohnsektors. Die Jobs und andere Kurzfristmaßnahmen sind zu einem Durchlauferhitzer geworden.«
Ursula Engelen-Kefer, ehemalige stellvertretende DGB-Vorsitzende, am 9.5.2006 (http://www.dgb.de/presse/pressemeldungen)

»Es darf nicht der Eindruck entstehen, in Deutschland bekommt man als Arbeitsfähiger eine Grundsicherung und kann den ganzen Tag im Bett liegen.«
Volker Kauder, Vorsitzender der CDU/CSU-Bundestagsfraktion in einem Gespräch mit der SZ vom 30.5.2006

»Ich kann Ihnen sagen, wie es bei den Menschen wirkt, dass der Arbeitsminister der SPD den Leuten, die 30 Jahre gearbeitet haben, sagt, dass sie nach zwölf Monaten in die Sozialhilfe sollen. Das wird der nicht durchhalten, der redet sich um Kopf und Kragen.«
Karl-Josef Laumann, nordrhein-westfälischer Arbeitsminister (zitiert in der SZ, *14.1.2007)*

»Mit der Abkehr vom alten deutschen Sozialstaatsprinzip, auch Langzeitarbeitslosen unbegrenzt ein gewisses Wohlstandniveau zu garantieren, verschärft sich die Lage. Hartz IV stürzt gerade im Osten viele einst abgesicherte Mittelstandsmenschen in Armut. Wer nach Jahren ohne Job das Rentenalter erreicht, muss sich auf äußerst karge Zeiten einrichten.«
Joachim Fernau in der Berliner Morgenpost *vom 17.1.2007*

»Hartz IV ist offener Strafvollzug. Es ist die Beraubung von Freiheitsrechten. Hartz IV quält die Menschen, zerstört ihre Kreativität.«
Götz W. Werner, Gründer von dm-drogerie markt, in einem Interview mit der Zeitschrift stern *17/2006*

»Wer arbeitet, muss zum Schluss mehr in der Tasche haben, als wenn er nicht arbeitet.«
Bundeskanzlerin Angela Merkel (zitiert in: Die Welt, *9.1.2007)*

»Beck und die SPD sind dafür verantwortlich, dass die Hartz-IV-Gesetze das gigantischste Täuschungsmanöver der Geschichte der Bundesrepublik sind. Das gigantischste Täuschungsmanöver deshalb, weil sie weder Wachstum produziert noch Arbeitslosigkeit drastisch reduziert haben.«
Peter Grottian, Professor für Politikwissenschaft in Berlin, Neue Rheinische Zeitung *(www.nrhz.de), Online-Flyer Nr. 78 vom 17.1.2007*

Hartz IV und die neue Grundsicherung

Seit dem 1.1.2005 gilt sie nun endgültig, die neue Grundsicherung für Arbeitsuchende mit dem umstrittensten und entscheidendsten aller Hartz-Gesetze: dem »Vierten Gesetz für moderne Dienstleistungen am Arbeitsmarkt«, kurz »Hartz IV« genannt. Erwerbsfähige Sozialhilfeempfänger und Arbeitsuchende, die bisher Anspruch auf Arbeitslosenhilfe hatten, sitzen nun in einem Boot und erhalten die gleiche Leistung. Denn Langzeitarbeitslose und ein Großteil der bisherigen Sozialhilfeempfänger werden ab nun gemeinsam betreut. Die Bundesagentur für Arbeit und/oder die kommunalen Träger, also die kreisfreien Städte und Landkreise, sind nun für diese beiden ehemals getrennt verwalteten Gruppen zuständig. ARGE heißt die Kurzform dieses behördlichen Zusammenschlusses aus Arbeits- und Sozialamt. Die Leistung nennt sich Arbeitslosengeld II (ALG II).
Bestimmte auf den ersten Blick nicht ganz einfach zu durchschauende Voraussetzungen müssen erfüllt sein, um in den Anspruch des einheitlich festgelegten Regelsatzes des ALG II zu kommen. Wer genau gehört zum Kreis der Berechtigten? Wer bekommt wie viel und warum? Wie viel Einkommen und Vermögen darf man ungeachtet des Regelsatzes besitzen? Welche Freibeträge gibt es? Wie hoch ist das »Sozialgeld«, das die mit ALG-II-Empfängern zusammenlebenden Angehörigen erhalten können? Warum ist es so wichtig, zwischen einer eheähnlichen Partnerschaft und einer bloßen Wohngemeinschaft zu unterscheiden? Diese für den Anspruch auf ALG II entscheidenden Fragen werden auf den folgenden Seiten beantwortet.

Wer hat Anspruch auf Arbeitslosengeld II (ALG II)?

Anspruch auf Leistungen des SGB II haben alle Personen,
- die das 15. Lebensjahr vollendet haben und das 65. Lebensjahr noch nicht vollendet haben,
- die erwerbsfähig und
- hilfebedürftig sind und
- ihren gewöhnlichen Aufenthalt in Deutschland haben.

Was heißt »erwerbsfähig«?

»(1) Erwerbsfähig ist, wer nicht wegen Krankheit oder Behinderung auf absehbare Zeit außerstande ist, unter den üblichen Bedingungen des allgemeinen Arbeitsmarktes mindestens drei Stunden täglich erwerbstätig zu sein.«
(§ 8 Abs. 1 SGB II)

Wer also 15 und noch nicht 65 Jahre alt ist und mindestens drei Stunden am Tag unter regulären Arbeitsbedingungen arbeiten kann, gilt als erwerbsfähig. Ob das auf Sie zutrifft – diese Entscheidung trifft die Behörde. Wenn Sie der Überzeugung sind, aufgrund einer geistigen oder körperlichen Behinderung bzw. Krankheit nicht über einen längeren Zeitraum (etwa sechs Monate) drei Stunden täglich arbeiten zu können, muss der medizinische Dienst der Arbeitsagentur konsultiert werden. Hier wird dann – aufgrund der Befunde Ihrer bisherigen Ärzte und eventuell einer zusätzlichen Untersuchung (die nicht in der Arbeitsagentur vorgenommen werden muss) – über Ihre Erwerbsfähigkeit entschieden. Dann geht Ihnen ein Bescheid zu. Legen Sie schriftlich Widerspruch ein, falls die Entscheidung nicht in Ihrem Sinne ausgefallen ist. Ein behördlicher Bescheid ist in der Regel ein Verwaltungsakt und kann deshalb angefochten werden.

»(2) Im Sinne von Absatz 1 können Ausländer nur erwerbstätig sein, wenn ihnen die Aufnahme einer Beschäftigung erlaubt ist oder erlaubt werden könnte.«
(§ 8 Abs. 2 SGB II)

Ausländer gelten nur dann als erwerbsfähig, wenn sie eine gültige Arbeitserlaubnis besitzen, ihnen also laut Zuwanderungsgesetz das Arbeiten erlaubt ist. Asylbewerber, die Leistungen nach dem Asylbewerberleistungsgesetz erhalten, können kein ALG II beziehen.

Was heißt »hilfebedürftig«?

»Hilfebedürftig ist, wer seinen Lebensunterhalt, seine Eingliederung in Arbeit und den Lebensunterhalt der mit ihm in einer Bedarfsgemeinschaft lebenden Personen nicht oder nicht ausreichend aus eigenen Kräften und Mitteln, vor allem nicht
1. durch Aufnahme einer zumutbaren Arbeit,
2. aus dem zu berücksichtigenden Einkommen oder Vermögen sichern kann und die erforderliche Hilfe nicht von anderen, insbesondere von Angehörigen oder von Trägern anderer Sozialleistungen erhält.«
(§ 9 Abs. 1 SGB II)

Hilfebedürftig ist, wem so wenig Geld zur Verfügung steht, dass er damit nicht oder nicht ausreichend seinen Lebensunterhalt noch den Unterhalt der mit ihm zusammenlebenden Personen bestreiten kann. Was zum Leben benötigt wird, kann nicht aus eigenen Kräften und Mitteln, also weder aus eigenem Einkommen noch aus eigenem Vermögen, aufgebracht werden.

Lebt der Antragsteller nach SGB II in einer sogenannten Bedarfsgemeinschaft (z. B. einer Familie oder eheähnlichen Beziehung), in der der Gesamtbedarf nicht gedeckt werden kann, gelten alle als hilfebedürftig. Allerdings werden hierbei auch Einkommen und Vermögen der einzelnen Mitglieder der Bedarfsgemeinschaft (der Eltern, der Kinder oder/und des Partners) berücksichtigt und gegebenenfalls angerechnet. Ebenfalls zu beachten sind eventuelle Unterhaltsansprüche oder vorrangige Sozialleistungen, die geltend gemacht werden könnten.

Wer gehört denn nun konkret zum berechtigten Personenkreis?

Anspruch auf Arbeitslosengeld II (ALG II) haben also alle diejenigen, die die vier oben genannten Voraussetzungen erfüllen. Dazu zählen nicht nur Arbeitslose, sondern auch (allein oder in einer Bedarfsgemeinschaft lebende) Erwerbstätige, deren Einkommen so gering ist, dass es nicht zum Lebensunterhalt reicht. Leistungsberechtigt sind ebenfalls Selbstständige und Freiberufler, die die genannten Voraussetzungen erfüllen. Das Einkommen wird in diesen Fällen auf das ALG II angerechnet. Auch Alleinerziehende gehören zum erwerbsfähigen Personenkreis, allerdings nur dann, wenn ihr Kind älter als drei Jahre ist. Leistungsberechtigt sind des Weiteren Ausländer mit Arbeitserlaubnis. Generell leistungsberechtigt sind auch Teilnehmer an berufsvorbereitenden Maßnahmen oder Weiterbildungsmaßnahmen sowie Schüler und Auszubildende. Hier ist aber eine ganze Reihe möglicher Ausschlussgründe zu beachten: so z. B. der Anspruch auf BAföG oder Berufsausbildungsbeihilfe (BAB) oder die Tatsache, dass Auszubildende über 18 Jahren nicht mehr im Haushalt ihrer Eltern wohnen.

Ausnahme: In einigen Fällen, z. B. wenn die Geldleistungen nicht zum Existenzminimum reichen, ist auch eine ergänzende Zahlung von ALG II zusätzlich zu BAföG/BAB möglich.

Wer ist vom Bezug der Hartz-IV-Leistungen grundsätzlich ausgeschlossen?

Vom Bezug der Hartz-IV-Leistungen grundsätzlich ausgeschlossen sind
- Bezieher von Altersrenten und Beamtenpensionen
- Personen, die voraussichtlich mindestens sechs Monate in einem Krankenhaus oder stationär in einer Reha-Klinik leben
- Personen, die dauerhaft in einer vollstationären Einrichtung leben und nicht erwerbsfähig sind, also nicht mindestens 15 Wochenstunden arbeiten
- Inhaftierte
- Schüler, Auszubildende und Studenten, die Anspruch auf BAföG und BAB haben (Ausnahmefälle möglich)
- Ausländer ohne Arbeitserlaubnis
- Ausländer, die ein Aufenthaltsrecht nur zum Zweck der Arbeitssuche erhalten haben
- Personen, die Leistungen nach § 1 des Asylbewerberleistungsgesetzes beziehen

Die »Bedarfsgemeinschaft« – ein zentraler Begriff im SGB II

Wenn Sie ALG II beantragen und eine Familie haben oder in einer Ehe bzw. eheähnlichen Gemeinschaft mit einem Partner zusammenleben, dann bezeichnet das der Gesetzgeber als »Bedarfsgemeinschaft«. In einem solchen Fall werden alle Personen, die der Bedarfsgemeinschaft angehören, in den Leistungsanspruch mit einbezogen. Allerdings werden auch Einkommen und

Vermögen der der Bedarfsgemeinschaft angehörenden Personen bei der Bestimmung der Ansprüche mitberücksichtigt. Dies hat ganz entscheidende Auswirkungen auf die Höhe Ihrer Leistungen; es kann auch bedeuten, dass Sie gar kein ALG II erhalten. Denn nach dem SGB II wird von den einzelnen Mitgliedern einer solchen Gemeinschaft erwartet, dass sie ihre Arbeitskraft, ihr Einkommen und ihr Vermögen auch zugunsten der Gemeinschaft einsetzen und Hilfebedürftige unterstützen.

Zu einer Bedarfsgemeinschaft gehören:
- der erwerbsfähige Hilfebedürftige selbst
- der Ehe- oder Lebenspartner des erwerbsfähigen Hilfebedürftigen, sofern er nicht dauernd getrennt von diesem lebt
- die dem Haushalt angehörenden unverheirateten Kinder des erwerbsfähigen Hilfebedürftigen oder seines Partners, sofern sie das 25. Lebensjahr noch nicht vollendet haben und über kein eigenes Einkommen oder Vermögen verfügen, das ihren Lebensunterhalt ausreichend abdeckt
- die im Haushalt lebenden Eltern oder ein im Haushalt lebender Elternteil eines unter 25 Jahre alten Kindes.

Früher zählten Kinder nur dann zur Bedarfsgemeinschaft, wenn sie noch nicht volljährig waren. Das hat sich seit dem 1. August 2006 geändert. Jetzt müssen Kinder, die noch bei ihren Eltern wohnen, erst ab dem 26. Lebensjahr eigenes ALG II beantragen. Als eine Bedarfsgemeinschaft definiert sind im Übrigen auch gleichgeschlechtliche Partnerschaften, soweit die Partner nicht dauernd getrennt leben. Sie ahnen bereits, dass es bei der Definition einer Bedarfsgemeinschaft einige Probleme geben könnte. Was bedeutet es genau, dass man »nicht dauernd getrennt lebt«? Wie lässt sich das belegen bzw. nachweisen?

Die sogenannte »Einstehensgemeinschaft«

Die »Einstehensgemeinschaft« ist ein spezieller Sonderfall der Bedarfsgemeinschaft. Angesprochen werden damit Personen, die weder verheiratet noch verwandt sind noch in einer nach dem Gesetz offiziellen Lebenspartnerschaft zusammenleben. Gemeint sind Personen, die aber dennoch in einer engen Partnerschaft leben und sich einen Haushalt teilen. Das kann Vor- , aber auch Nachteile bringen, was die Höhe des ALG II angeht. Denn das Einkommen und Vermögen wird wie bei jeder Bedarfsgemeinschaft zusammengerechnet. So kann beispielsweise ein entsprechend hohes Einkommen des einen Partners den Anspruch des anderen auf ALG II zunichtemachen (siehe dazu auch die Berechnungsbeispiele auf Seite 72–76). Deshalb sollte man bei Antragstellung auf ALG II sehr genau prüfen, ob eine solche Einstehensgemeinschaft vorliegt und welche Konsequenzen das hat.
Wann also spricht man von einer Einstehensgemeinschaft? Was sind ihre Kennzeichen? Hierzu § 7 Abs. 3a SGB II:

»Ein wechselseitiger Wille, Verantwortung füreinander zu tragen und füreinander einzustehen, wird vermutet, wenn Partner
1. länger als ein Jahr zusammenleben,
2. mit einem gemeinsamen Kind zusammenleben,
3. Kinder oder Angehörige im Haushalt versorgen oder
4. befugt sind, über Einkommen oder Vermögen des anderen zu verfügen.«

Laut SGB II reicht das Vorliegen eines dieser Merkmale bereits aus, um auf eine Einstehensgemeinschaft zu schließen. Doch Sie haben die Möglichkeit, diese Vermutung zu widerlegen. So könnten Sie Merkmale an-

führen, die nicht für eine eheähnliche Gemeinschaft sprechen. So heißt es in der Broschüre der Bundesagentur für Arbeit *SGB II. Grundsicherung für Arbeitsuchende* (August 2006):
»Gegen eine solche Gemeinschaft spricht – auch wenn die gleiche Wohnung bewohnt wird –, wenn die Haushalte getrennt geführt werden, jeder für sich einkauft und kocht, seine Wäsche selbst wäscht, keine gemeinsam angeschafften Möbel oder Hausratsgegenstände vorhanden sind und jeder sein Leben im Wesentlichen ohne Rücksicht auf den Anderen gestaltet (Beispiel: Wohngemeinschaft).«
Keine solche Einstehensgemeinschaft bilden demnach Anton und Erna, die zwar in Eintracht zusammen in einer Wohnung leben, aber eine sehr freie Beziehung führen, getrennte Bankkonten haben, getrennt einkaufen und kochen und »fremdgehen«, ohne dass der Andere eifersüchtig wird. Sie spüren es – das alles ist gar nicht so einfach zu differenzieren und nachzuweisen. Aber es ist sehr wichtig! Denn wie die Berechnungsbeispiele zeigen, können die Leistungen des ALG II sehr variieren, je nachdem ob man als eheähnlich lebend oder alleinstehend angesehen wird.

Was ist eine Haushaltsgemeinschaft?

Eine Haushaltsgemeinschaft und eine Bedarfsgemeinschaft sind zwei verschiedene Dinge. Während in einer Bedarfsgemeinschaft Kinder, Ehe- oder Lebenspartner vom Einkommen des Anderen abhängig sind, sind es in einer Haushaltsgemeinschaft »nur« Verwandte, Verschwägerte oder Freunde, die mit dem Antragsteller einen gemeinsamen Haushalt stellen und gemeinsam »aus einem Topf« wirtschaften. Allerdings ist eine gemeinsame Haushaltskasse, die für die täglichen Besorgungen angelegt wurde, noch kein ausreichender Beleg für ein solches gemeinsames Wirtschaften. Die Behörden gehen dann normalerweise davon aus, dass der Hilfebedürftige von diesen Mitbewohnern unterstützt wird. Die Folge ist, dass das ALG II gekürzt wird – und das, obwohl die Mitglieder einer Haushaltsgemeinschaft mit einem Hilfebedürftigen, ganz anders als die Mitglieder einer Bedarfsgemeinschaft, keinen Anspruch auf ALG II/Sozialhilfe haben. Es liegt an dem Hilfebedürftigen, zu widerlegen, dass er von den Personen seiner Haushaltsgemeinschaft in irgendeiner Weise wirtschaftlich unterstützt wird. Das heißt, Sie müssen einfach begründen, dass das nicht so ist und Sie bloß wie in einer Art *Wohngemeinschaft* unter einem Dach leben, aber ansonsten wirtschaftlich und finanziell getrennte Wege gehen. Eine Wohngemeinschaft unterliegt keinen Reglementierungen durch die ARGE. Jede Person einer Wohngemeinschaft bildet eine eigene Bedarfsgemeinschaft und kann demzufolge jeweils einen eigenen Antrag auf ALG II stellen, sofern Hilfebedürftigkeit vorliegt.

Beispiele für Bedarfs-, Haushalts- und Wohngemeinschaften

Der 37-jährige erwerbsfähige Felix Frisch lebt mit seiner Familie, der 38-jährigen, ebenfalls erwerbsfähigen Elfriede Frisch und dem zehnjährigen Sohn Max sowie der 67-jährigen Rentnerin Edeltraud Frisch, der Mutter von Felix, zusammen in einem Haus.
Zur Bedarfsgemeinschaft gehören der Vater Felix Frisch, seine mit ihm zusammenlebende Ehefrau Elfriede und der minderjährige unverheiratete Sohn Max. Die 67-jährige Oma Edeltraud gehört nicht zur Bedarfsgemeinschaft, denn Anspruch auf Leistungen nach dem ALG II haben nur Personen ab dem 15. Lebensjahr bis zur Vollendung des 65. Lebensjahres.

Die allein lebende Karin Schmoll lernt einen Mann kennen, mit dem sie nach einem Monat zusammenzieht. Beide wollen testen, ob sie zusammenpassen. Sie ist erwerbsfähig und hilfebedürftig, genauso wie ihr Freund. Es liegt keine »eheähnliche Gemeinschaft« vor. Ihr Haushalt gilt als eine Wohngemeinschaft. Das heißt, jeder von ihnen kann unabhängig voneinander ALG II beantragen. Leben sie länger als ein Jahr zusammen, wird aber eine Einstehensgemeinschaft vermutet.

Die Eheleute Hans und Karin Sauerbier sind seit einem Jahr geschieden, leben aber aus finanziellen Gründen – beide sind arbeitslos – weiterhin zusammen in ihrer Wohnung. Beide zusammen bilden in diesem Fall keine Bedarfs-, sondern eine Wohngemeinschaft. Hans und Karin bilden jeder für sich jeweils eine eigene Bedarfsgemeinschaft, beantragen also getrennt voneinander ALG II.

In einer Dreizimmerwohnung leben der 54-jährige Fritz Mehlwurm, seine 46-jährige Ehefrau Natascha Mehlwurm und die 26-jährige Tochter Claudia Mehlwurm. Alle drei sind erwerbsfähig und hilfebedürftig. Aber nur die Eltern Fritz und Natascha Mehlwurm bilden eine gemeinsame Bedarfsgemeinschaft. Die 26-jährige Tochter zählt nicht dazu, weil sie das 25. Lebensjahr bereits vollendet hat.

Gerichtsurteile zu Hartz IV

Ursprünglich bestand eine **Bedarfsgemeinschaft** nur aus minderjährigen Kindern und ihren Eltern. Mittlerweile wurde jedoch das Alter der Kinder, für die lediglich ein vermindertes ALG II gezahlt wird, auf 25 Jahre angehoben.

Jetzt hat das Bundessozialgericht entschieden, dass Arbeitslose, die älter als 25 Jahre sind, auch dann Anspruch auf das volle ALG II haben, wenn sie noch bei ihren Eltern leben. Eine sogenannte Bedarfsgemeinschaft bilden nur jüngere bei den Eltern lebende Kinder.
(Az.: Bundessozialgericht B 7b AS 6/06 R)

Unverheiratete Paare, die in einer eheähnlichen Lebenspartnerschaft zusammenwohnen, gelten als Bedarfsgemeinschaft. Um zu ermitteln, ob es sich bei zusammenlebenden Personen um eine solche eheähnliche **Lebenspartnerschaft** handelt, dürfen die Behörden nicht hinter dem Rücken des Antragstellers Nachbarn oder sonstige Dritte befragen. Das Sozialgericht Düsseldorf urteilte hierzu, dass diese Art der Ermittlung dem Datenschutzgesetz widerspricht und damit unzulässig ist.
(Az.: Sozialgericht Düsseldorf S 35 AS 343/05 ER)

Paare, die seit weniger als einem Jahr eine gemeinsame Wohnung bewohnen, bilden noch keine **Bedarfsgemeinschaft**. So darf in diesem Fall für die Berechnung von ALG-II-Leistungen nicht das Einkommen beider Partner angerechnet werden.
(Az.: Landessozialgericht Berlin-Brandenburg, L 5 B 1362/05 AS ER)

Das Sozialgericht Saarbrücken hat entschieden, dass nicht der Arbeitslose beweisen muss, dass er nicht in einer **Bedarfsgemeinschaft** lebt, sondern dass vielmehr die zuständige Behörde dem Arbeitslosen das Leben in einer Bedarfsgemeinschaft nachweisen muss, wenn sie Ansprüche abwehren will.
(Az: Sozialgericht Saarbrücken S 21 AS 3/05)

> Besteht bei einer Arbeitsagentur der begründete **Verdacht auf Missbrauch** und ist davon auszugehen, dass ein Hausbesuch die Lage klären kann, so ist es der Behörde gestattet, einen solchen Hausbesuch durchzuführen. Ein vager Verdacht auf falsche Angaben jedoch begründet keinen Besuch in der Privatwohnung des Antragstellers, urteilte das Hessische Landessozialgericht in Darmstadt.
> (Az.: Hessisches Landessozialgericht L 7 AS 1/06 ER und L 7 AS 13/06)
>
> Geschiedene ALG-II-Empfänger, die getrennt von ihren Kindern leben, haben nicht automatisch Anspruch auf **Übernahme von Fahrtkosten,** um Kontakt zu ihren Kindern halten zu können. Im Einzelfall kann jedoch auf eine »Bedarfsgemeinschaft auf Zeit« erkannt werden, wenn einem Elternteil, der die Kinder an Wochenenden betreut, hierdurch deutliche Mehrkosten entstehen. Die Bemessungsgrenze wurde jedoch nicht konkret festgelegt.
> (Az.: Bundessozialgericht B 7b AS 14/06 R)

Interview mit Fred K., 45 Jahre alt, ausgebildeter Industriekaufmann

Wie ist es zu Hartz IV gekommen?
Ich war länger als ein Jahr arbeitslos.

Wie geht es dir zur Zeit?
Pffffff.

Was gibt dir Halt in der momentanen Situation?
Die Tatsache, dass meinen Eltern ein Haus gehört. Also kann ich nicht auf der Straße landen.

Wirst du von Verwandten oder Freunden bei der Bewältigung der Probleme unterstützt?
Von meinen Eltern.

Was hat sich durch die Arbeitslosigkeit verändert?
Ich habe viel weniger Rechte als Leute, die nicht arbeitslos sind. Die ARGE bestimmt, wo ich wohnen darf. Und ich habe weniger Geld zur Verfügung.

Hat sich irgendetwas verbessert?
Nein.

Wie sieht der momentane Tagesablauf aus?
Gemütlich.

Kommst du mit der Arbeitsagentur zurecht?
Was bleibt mir übrig?

Wie ist deine Beziehung zum sogenannten Fallmanager?
Was ist das?

Welche Art von Leistungen bekommst du?
ALG II.

Welches Einkommen wird dir angerechnet?
Erhältst du zusätzliche Leistungen?
165 Euro. Keine zusätzlichen Leistungen.

Hast du irgendwelche Jobs?
Einen Minijob über 400 Euro.

Wie kommst du mit dem wenigen Geld zurecht? Hast du bestimmte Methoden entwickelt, um mit dem Geld auszukommen?
345 Euro : 30 Tage = 11,50 Euro pro Tag. Das sagt ja wohl alles.

Wie wirkt sich die Geldknappheit auf dein Leben aus?
Wo sind Abstriche zu machen?
Überall, nichts darf kaputtgehen, ich darf nicht krank werden.

Was glaubst du, wie geht es weiter?
Ich habe ab nächsten Monat wieder Arbeit.

Was hast du unternommen, um einen Arbeitsplatz zu finden?
Nichts, ich habe trotzdem Arbeit bekommen.

Wer bekommt wie viel?

Die Regelleistung

»Erwerbsfähige Hilfebedürftige erhalten als Arbeitslosengeld II Leistungen zur Sicherung des Lebensunterhalts einschließlich der angemessenen Kosten für Unterkunft und Heizung.«
(§ 19 Satz 1 SGB II)

»(1) Die Regelleistung zur Sicherung des Lebensunterhalts umfasst insbesondere Ernährung, Kleidung, Körperpflege, Hausrat, Haushaltsenergie ohne die auf die Heizung entfallenden Anteile, Bedarfe des täglichen Lebens sowie in vertretbarem Umfang auch Beziehungen zur Umwelt und eine Teilnahme am kulturellen Leben. (2) Die monatliche Regelleistung beträgt für Personen, die allein stehend oder allein erziehend sind oder deren Partner minderjährig ist, 345 Euro. (...)«
(§ 20 Abs. 1, Abs. 2 Satz 1 SGB II)

Die Regelleistung für ALG II orientiert sich anders als früher, als die Arbeitslosenhilfe aufgrund des letzten

Einkommens berechnet wurde, am Niveau der Sozialhilfe. Der Regelsatz beträgt seit 1. 7. 2006 in ganz Deutschland 345 Euro pro Monat. Dieser Regelsatz gilt nur für Alleinstehende, Alleinerziehende und Personen mit einem minderjährigen Partner.

Auch alle Mitglieder einer Bedarfsgemeinschaft erhalten Regelleistungen zur Sicherung des Lebensunterhalts, und zwar je nach Alter zwischen 60 und 90 Prozent des Regelsatzes. Bei erwerbsfähigen Angehörigen der Bedarfsgemeinschaft heißt die Leistung ebenfalls ALG II.

Nicht erwerbsfähige Mitglieder der Bedarfsgemeinschaft bekommen *»Sozialgeld«*. Lassen Sie sich von diesem neuen Begriff nicht abschrecken. Das Sozialgeld entspricht exakt der Regelleistung des ALG II. Ob Sie Sozialgeld oder ALG II erhalten, die Höhe der Geldleistungen ist dieselbe.

Das sind die *Regelleistungen* im Einzelnen:

Alleinstehende oder Alleinerziehende	Sonstige Angehörige der Bedarfsgemeinschaft		
	Partner ab Vollendung des 18. Lebensjahres	Kinder bis zum 14. Lebensjahr	Kinder 15 bis 25 Jahre
100 %	jeweils 90 % des Regelsatzes	jeweils 60 % des Regelsatzes	jeweils 80 % des Regelsatzes
345 €	311 €	207 €	276 €

Beispiele
Als Alleinerziehende mit einem minderjährigen Kind unter 15 Jahren erhalten Sie 345 Euro ALG II pro Monat zuzüglich des Regelsatzes für Kinder unter 15 Jahren (60 Prozent), also 207 Euro, ergibt insgesamt einen Betrag (den sogenannten Bedarf) von 552 Euro.
Wenn Sie als Arbeitsloser mit einem volljährigen Partner zusammenleben und eine Bedarfsgemeinschaft bilden, bekommen Sie beide jeweils 90 Prozent des Regelsatzes, also 311 Euro, ergibt einen Bedarf von 622 Euro.
Eine Familie mit drei Kindern; der 26-jährige Sohn macht eine Ausbildung, die Töchter sind 14 und 17 Jahre alt. Die erwerbsfähigen hilfebedürftigen Eltern erhalten jeweils 311 Euro (90 Prozent des Regelsatzes), die 14-jährige Tochter 207 Euro (60 Prozent des Regelsatzes), die 17-jährige Tochter 276 Euro (80 Prozent des Regelsatzes), ergibt einen Bedarf von 1105 Euro.

Mit dem Regelsatz abgedeckt sind laut den gesetzlichen Bestimmungen Ausgaben für:
• Nahrungsmittel, Getränke und Tabakwaren
• Bekleidung und Schuhe
• Wohnung, Wasser; Strom, Gas, Instandhaltung der Wohnung
• Möbel, Einrichtung, Haushalts- und Elektrogeräte, Instandhaltung des Haushalts
• Gesundheitspflege, Medikamente
• Verkehr (Fahrrad, öffentliche Verkehrsmittel)
• Nachrichtenübermittlung (Telefon, Fax, Internet)
• Freizeit, Kultur, Unterhaltung
• andere Waren und Dienstleistungen (z. B. Friseurbesuche, Dienstleistungen für Körperpflege).
Der größte Anteil (38,46 Prozent) der Regelleistungen entfällt auf Nahrungsmittel, Getränke und Tabakwaren.

Was zur Regelleistung hinzukommt

• Leistungen für Unterkunft und Heizung
• Ggf. Leistungen für Mehrbedarfe bei Lebensunterhalt und Ernährung
• Ggf. Leistungen für einmaligen Bedarf
– Erstausstattung der Wohnung inkl. der Haushaltsgeräte
– Erstausstattung für Bekleidung, auch bei Schwangerschaft und Geburt
– Mehrtägige Klassenfahrten im Rahmen der schulrechtlichen Bestimmungen
• Auf zwei Jahre befristeter monatlicher Zuschlag nach Bezug von Arbeitslosengeld (I)
• Beiträge zur Kranken-, Pflege- und Rentenversicherung
• Ggf. Leistungen in Form von Darlehen

Leistungen für Unterkunft und Heizung
»Leistungen für Unterkunft und Heizung werden in Höhe der tatsächlichen Aufwendungen erbracht, soweit diese angemessen sind.«
(§ 22 Abs. 1 Satz 1 SGB II)

Was heißt »tatsächliche Aufwendungen«? »Tatsächliche Aufwendungen« bedeutet nichts anderes, als dass nicht nur die Miete, sondern die tatsächlich anfallenden Kosten (also auch die Nebenkosten) einer Unterkunft von der ARGE übernommen werden. Zu den Nebenkosten gehören z. B.
• Grundsteuer
• Müllgebühr
• Haus- und Straßenreinigung
• Gartenpflege
• Schornsteinfegerkosten
• Wasserversorgung

- Hauswart
- Hausantenne/Kabel
- Kosten für Treppenhausbeleuchtung
- Gebäudesach- und Haftpflichtversicherung
- laufende Heizkosten.

Für die tatsächlichen Aufwendungen muss die ARGE auch aufkommen, wenn Sie in einem *Eigenheim* oder einer *Eigentumswohnung* leben. Dazu zählen beispielsweise auch
- Schuldzinsen für Hypotheken*
- Grundsteuer und sonstige öffentliche Abgaben
- Gebäudeversicherung
- Diebstahl- und Haftpflichtversicherung
- Reparaturen, Kosten für die Erhaltung
- Erbbauzins
- Kosten für Hausverwaltung
- sowie die üblichen Nebenkosten wie bei Mietwohnungen.

Ausnahme: Tilgungsraten für Hypotheken werden nicht als Unterkunftskosten anerkannt, weil es sich dabei um Vermögensbildung handelt.

Was ist unter einer »angemessenen Wohnung« zu verstehen? Tatsächliche Aufwendungen für Unterkunft und Heizung werden nur übernommen, wenn Miethöhe und Wohnungsgröße »angemessen« sind. Da die durchschnittlichen Quadratmeterpreise in Deutschland je nach Region weit auseinanderliegen, wurde hier auf einen einheitlichen Regelwert verzichtet. Großstädte sind meistens teurer als das Umland. Eine Ausnahme bildet z.B. das nähere Umland von München. Und in der bayerischen Landeshauptstadt sind

---

*Allerdings kann die Übernahme der Finanzierungskosten begrenzt werden bis zur Höhe einer Vergleichsmiete (Az.: Landessozialgericht Berlin-Brandenburg L 10 AS 103/06).

die Mieten am höchsten, um etwa 50 Prozent höher als im Bundesdurchschnitt. *(Quelle: F+B Forschung und Beratung für Wohnen, Immobilien und Umwelt GmbH, Hamburg 2006)*
Was die angemessene Miethöhe angeht, sollte man sich daher am örtlichen Mietspiegel orientieren, der über die Homepage des Wohnortes oder eine entsprechende Sucheingabe bei Google zu finden ist. Errechnet wird der ortsübliche Quadratmeterpreis in der jeweiligen Region aufgrund des Alters der Immobilie, der Lage und Ausstattung.
Bei den Richtlinien für eine »angemessene« Wohnraumgröße übernimmt die ARGE die Kriterien des sozialen Wohnungsbaus.
Angemessene Wohnungsgrößen sind demnach:
- 45–50 m^2 für einen Ein-Personen-Haushalt
- 60 m^2 für einen Zwei-Personen-Haushalt
- 75–80 m^2 für einen Drei-Personen-Haushalt
- 85–90 m^2 für einen Vier-Personen-Haushalt
- für jede weitere Person 10–15 m^2 (alles ca.-Angaben).

Bei Einfamilienhäusern wird unabhängig von der Anzahl der Mitbewohner eine Wohnfläche bis zu 130 m^2, bei Eigentumswohnungen eine Fläche von 120 m^2 anerkannt. Die oben nur ungefähr angegebenen Wohnungsgrößen erklären sich daraus, dass in den einzelnen Bundesländern geringe Unterschiede bei der Beurteilung der Angemessenheit bestehen. Entscheidungsträger sind immer die örtlichen Sozialbehörden. Allerdings hat das Bundessozialgericht in einem Urteil vom 7.11.2006 (Az.: Bundessozialgericht B 7b AS 2/05 R) entschieden, dass bei drei Personen nur eine Fläche von 110 m^2, bei zwei Personen nur 90 m^2 angemessen sein sollen. Die Grenzen liegen bei Eigentumswohnungen noch darunter.
Die Angemessenheit einer Wohnung errechnet sich aus dem ortsüblichen durchschnittlichen Quadratme-

terpreis, multipliziert mit der angemessenen Wohnungsgröße. Ausschlaggebend für die Genehmigung der ARGE ist dabei nicht unbedingt die tatsächliche Wohnungsgröße, sondern die Frage, ob Sie mit der gesamten Kaltmiete über dem angemessenen Wert liegen. Sie können also problemlos in einer überteuerten 30-m²-Wohnung oder in einer günstigen 65-m²-Wohnung leben, sofern diese die für Sie angemessenen Kosten nicht überschreitet.

Beispiel
Claudia B. wohnt allein in einer 58-m²-Wohnung in Remscheid. Laut dem Mietspiegel, der für Ihren Wohnort gilt, liegt der durchschnittliche Quadratmeterpreis ihrer Wohnung (mittlere Lage, niedriges Baualter) bei 6,57 Euro. Claudia B., die ALG II beantragt hat, bezahlt eine Miete (ohne Nebenkosten) in Höhe von 381,06 Euro.
Da ihr aber nur eine Wohnungsgröße von 45 m² zugestanden wird, wäre also nur eine Kaltmiete von 295,65 Euro (6,57 Euro × 45 m²) angemessen. Was passiert in einem solchen Fall? Muss Claudia B. nun in eine kleinere Wohnung ziehen? Nicht unbedingt, denn im Sozialgesetzbuch heißt es:

»Soweit die Aufwendungen für die Unterkunft den der Besonderheit des Einzelfalles angemessenen Umfang übersteigen, sind sie als Bedarf des allein stehenden Hilfebedürftigen oder der Bedarfsgemeinschaft so lange zu berücksichtigen, wie es dem allein stehenden Hilfebedürftigen oder der Bedarfsgemeinschaft nicht möglich oder nicht zuzumuten ist, durch einen Wohnungswechsel, durch Vermieten oder auf andere Weise die Aufwendungen zu senken, in der Regel jedoch längstens für sechs Monate.«
(§ 22 Abs. 1 Satz 3 SGB II)

Claudia könnte ihre Wohnung untervermieten und auf diese Weise einen angemessenen Kostensatz erreichen. Doch ihre Wohnung ist so ungünstig geschnitten, dass eine Untervermietung nicht in Frage kommt. Also bleibt Claudia nichts anderes übrig, als sich eine andere, günstigere Wohnung zu suchen, es sei denn, ein Wohnungswechsel ist nicht zumutbar.

Untervermietung als Ausweg

Besitzer eines Eigenheims bzw. einer Eigentumswohnung oder Mieter dürfen untervermieten, wenn die Gesamtkosten über denen des angemessenen Bedarfs liegen und vom Staat nicht voll übernommen werden. Mieter müssen allerdings erst die Genehmigung des Vermieters einholen, der nur ablehnen darf, wenn »der Wohnraum dadurch übermäßig belegt würde oder dem Vermieter die Überlassung aus sonstigen Gründen nicht zugemutet werden darf«.
(§ 553 Abs. 1 Satz 2 BGB)

Untermietverträge kann man sich aus dem Internet herunterladen, z. B. bei www.immobilienscout24.de

---

Unzumutbar ist ein Wohnungswechsel aus folgenden Gründen:
• Hohes Alter, Krankheit, Behinderung oder Schwangerschaft
• Examen/Abschlussprüfungen
• Die Mieteinsparungen stehen in keinem angemessenen Verhältnis zu den Kosten für Umzug, Renovierung, Maklergebühren usw.
• Das Eigenheim/die Eigentumswohnung zu verkaufen, ist unwirtschaftlich und steht in keinem angemessenen Verhältnis zu den momentanen Aufwendungen.

- Die Geldleistungen der Behörde sind nur zeitlich begrenzt, vorübergehend bzw. sehr gering. Auch in diesem Fall wäre ein Wohnungswechsel als unwirtschaftlich einzustufen.

Da aber auch all diese Gründe bei Claudia nicht zutreffen, begibt sie sich notgedrungen auf Wohnungssuche. Die Behörde gibt ihr dafür maximal ein halbes Jahr Zeit und erwartet von ihr, dass sie sich aktiv umschaut und ihre Bemühungen dokumentiert. Claudia macht alles richtig: Sie meldet sich beim Wohnungsamt erst einmal als wohnungssuchend an und beantragt einen Wohnberechtigungsschein. Um nachzuweisen, dass sie von nun an regelmäßig in den Immobilienanzeigen der Zeitungen nach Wohnungen sucht, führt sie eine Art Tagebuch, in dem sie nähere Angaben über die nachgefragten Wohnungen mit Namen des Vermieters und Anschrift einträgt.

Sie sollte sich bei ihrem Fallmanager auch erkundigen, wie viele monatliche Belege er verlangt und in welcher Form sie ihm vorgelegt werden müssen. Während der Zeit der Wohnungssuche zahlt die Behörde selbstverständlich die derzeitigen (nicht angemessenen) Unterkunftskosten.

Die ARGE ist darüber hinaus verpflichtet, Claudia bei der Wohnungssuche zu unterstützen. So kann es in manchen Städten und Regionen mit einem sehr angespannten Mietmarkt sogar notwendig sein, einen Makler zu beauftragen. Oder es werden aufgrund einer dreimonatigen Kündigungsfrist der alten Wohnung doppelte Mietaufwendungen fällig. Auch dafür kann die Behörde aufkommen, ebenso wie für anderweitige Kosten, die bei der Wohnungssuche anfallen, z. B. Aufwendungen für Zeitungen, Telefonate und Fahrten zu Wohnungsbesichtigungen. Jedoch ist es unbedingt notwendig, vorher einen Antrag auf Übernahme der Wohnungsbeschaffungskosten zu stellen.

Wohnungsbeschaffungskosten können also sein:
- Maklergebühren
- Fahrtkosten
- Anzeigenkosten/Zeitungen/Telefonate
- Doppelte Mietaufwendungen

Findet Claudia in den sechs Monaten trotz ihrer nachweisbaren Bemühungen (die sich nicht nur auf ihren Lieblingsstadtteil beschränken dürfen!) keine günstigere Wohnung, werden die Wohnkosten gegebenenfalls dennoch weiter übernommen. Allerdings kann die Behörde nun ihrerseits aktiv werden und ihr eine entsprechende bezugsfähige Wohnung anbieten. Doch Claudia hat Glück. Schon nach vier Monaten wird sie fündig. Sie findet ein kostengünstiges, ruhiges Appartement ganz in der Nähe ihrer jetzigen Wohnung. Die Behörde übernimmt die drei nun anfallenden doppelten Monatsmieten, und sie kann sofort einziehen. Claudia hatte es auch nicht versäumt, erst das Einverständnis der Behörde einzuholen, bevor sie den Mietvertrag für ihre neue Wohnung unterschrieb. Das ist ganz wichtig, denn wenn die Behörde zu der Erkenntnis gekommen wäre, die Wohnung sei ebenfalls nicht angemessen, wäre Claudia auf ihren Unkosten sitzen geblieben. Doch nun hat sie die behördliche Zustimmung und kann neben den schon genannten Wohnungsbeschaffungskosten auch noch *Umzugs- und* ggf. *Renovierungskosten* (für die alte oder/und neue Wohnung) sowie die Übernahme der *Mietkaution* (letztere meist nur in Form eines zinslosen Darlehens) beantragen. Das sind ebenfalls Leistungen, die im Leistungskatalog des ALG II enthalten sind.

Der entgegengesetzte Fall: Anders als Claudia wohnt ALG-II-Empfänger Christian B. in einer zu kleinen Wohnung, die zudem noch gesundheitsschädigende Mängel aufweist. Christian kann nun seinerseits bei der Behörde einen Antrag auf eine größere, angemessene Wohnung stellen – dem entsprochen werden muss. Dieses Anrecht hätte z. B. auch eine Familie oder eine andere Bedarfsgemeinschaft, die nachweislich über zu wenig Wohnraum verfügt.

Gerichtsurteile zu Hartz IV

Im November 2006 hat sich das Bundessozialgericht mit der **Größe von Eigentumswohnungen** befasst. Als angemessen für eine vierköpfige Familie gelten 120 m². Ist die Wohnung jedoch größer, muss sie verkauft oder vermietet werden und die Familie in ein kleineres Domizil umziehen.

Eine Eigentumswohnung mit weniger als 120 m² gilt als so genanntes Schonvermögen. Leben weniger als vier Personen im Haushalt, verringert sich die angemessene Wohnfläche um 20 m² pro Person bis zu einer Untergrenze von 80 m².
(Az.: Bundessozialgericht B 7b AS 2/05 R)

Sehr gefreut haben dürfte sich darüber u. a. eine 25-jährige ALG-II-Bezieherin aus dem Raum Augsburg, die von der Sozialbehörde aufgefordert worden war, aus ihrer 75 m² großen Eigentumswohnung auszuziehen, in der sie allein lebte. Wie schon zuvor das Augsburger Sozialgericht schlossen sich auch die Bundesrichter dem nicht an.

Ohne konkrete Gewichtung urteilten die Richter, dass einem geschiedenen Hartz-IV-Empfänger Geld für **die Betreuung seiner Kinder** zusteht, selbst wenn die Exfrau das alleinige Sorgerecht hat.
(Az.: Bundessozialgericht B 7b AS 14/06 R)

Ein Duisburger hatte auf zusätzliche Zahlung von Unterstützung geklagt. Seine Töchter besuchen den Vater regelmäßig für zwei Tage, die jüngere jedes zweite Wochenende, die ältere einmal im Vierteljahr. Zusätzliche Zahlungen lehnte die Behörde jedoch ab. Die Bundessozialrichter urteilten hingegen, dass die zusätzlichen Unterhaltskosten teilweise durch Leistungen nach SGB II abgedeckt werden müssten. Auch bei den Reisekosten muss der Sozialhilfeträger mit eintreten. Weiterhin stellte das Bundessozialgericht klar, dass Hartz-IV-Empfänger nicht zum Umzug in einen anderen Ort gedrängt werden dürfen mit der Begründung, dass dort die Miete billiger sei. Außerdem dürfen sich die Behörden nicht auf bundesweit einheitliche Wohngeldtabellen berufen. Ausschlaggebend ist der am jeweiligen Ort geltende Mietpreis.
(Az.: Bundessozialgericht B 7b AS 18/06 R und B 7b AS 10/06 R).

Bei Wohnungsgröße und -standard dürfen Arbeitslose auch insoweit variieren, als dass beispielsweise eine größere Wohnung mit niedrigerem Standard ebenso erlaubt ist wie eine besser ausgestattete Wohnung, die im Gegenzug weniger als die zugestandenen Quadratmeter hat.

Dass ALG-II-Empfänger gewisse Abstriche bei Wohnungsgröße und -ausstattung machen müssen, ist bekannt. Jedoch geht das nicht so weit, dass ein Arbeitsloser eine Wohnung ohne **Badezimmer** akzeptieren muss. So gestand das Sozialgericht Dortmund einem Arbeitslosen den Umzug in eine geringfügig größere und damit teurere Wohnung zu, da die neue Wohnung auch über ein Badezimmer verfügte.
(Az.: Sozialgericht Dortmund S 31 AS 562/05 ER)

In der Frage, ob einem ALG-II-Empfänger die Bezüge gekürzt werden dürfen, weil er in einer möblierten Wohnung wohnt, entschieden die Richter, dass eine Kürzung der Bezüge nicht statthaft sei. Aus der Tatsache, dass bei Neubezug einer unmöblierten Wohnung ein Anspruch auf Einmalzahlungen für die Anschaffung von Möbeln besteht, könne nicht der Umkehrschluss gezogen werden, bei Bezug einer **möblierten Wohnung** die Bezüge zu kürzen.
(Az.: Bayerisches Landessozialgericht L 7 AS 6/06)

Wird einem ALG-II-Empfänger der Umzug in eine billigere Wohnung auferlegt, darf er für die Wohnungssuche einen **Makler** hinzuziehen. Die anfallenden Kosten gehören zu den grundsätzlich erstattungsfähigen Wohnungsbeschaffungskosten. So urteilte das Sozialgericht Frankfurt/Main im April 2006.
(Az.: Sozialgericht Frankfurt/Main 48 AS 123/06 ER)

Aus der allgemeinen sozialgerichtlichen Rechtsprechung ergibt sich, dass ALG-II-Empfänger grundsätzlich Anspruch auf Übernahme ihrer **Heizkosten** in tatsächlicher Höhe haben – vorausgesetzt die Wohnung wird nicht übermäßig stark beheizt. Als Richtlinie für angemessenes Heizen gelten die von den Energieversorgern festgesetzten Abschlagszahlungen.
(Az.: Sozialgericht Düsseldorf S 29 AS 156/06 ER)

Auch wenn ein ALG-II-Empfänger eine zu große Wohnung bewohnt, müssen die Heizkosten in voller Höhe übernommen werden. Das Sozialgericht Dortmund urteilte hierzu, dass Heizkosten in voller Höhe erstattungsfähig sind, wenn deren Höhe nicht durch einen Umzug gesenkt werden kann.
(Az.: Sozialgericht Dortmund S 29 AS 176/05)

Die zuständigen Behörden müssen einen **Wasserverbrauch** von bis zu 108,5 Liter pro Tag und Person bei Hartz-IV-Empfängern übernehmen.
(Az.: Sozialgericht Gießen, Urteil vom 07.11.2006 – S 25 AS 420/05)

Ob auch sogenannte **Renovierungskosten** (Schönheitsreparaturen, die in der Regel entweder beim Einzug oder Auszug anfallen) zum Unterkunftsbedarf gehören, ist strittig. Sind sie angemessen, könnte eine einmalige Beihilfe gewährt werden.
Zieht ein ALG-II-Empfänger um, so muss er seinen Umzug in der Regel selbst organisieren. Nur wenn das aufgrund seines Alters oder einer Behinderung unzumutbar ist oder er keine hilfsbereiten Angehörigen, Freunde oder Bekannten hat, können die Kosten für einen Umzug mit einem gewerblichen Umzugsunternehmen übernommen werden.
(Az.: Landessozialgericht Hamburg L 5 B 111/06 ER AS)

Umfangreiche Informationen zum Thema Wohnung, auch für Hartz-IV-Empfänger, bietet der Deutsche Mieterbund e. V. auf seiner Website www.mieterbund.de.

Sonderfall: Personen unter 25 Jahren
»Sofern Personen, die das 25. Lebensjahr noch nicht vollendet haben, umziehen, werden ihnen Leistungen für Unterkunft und Heizung für die Zeit nach einem Umzug bis zur Vollendung des 25. Lebensjahres nur erbracht, wenn der kommunale Träger dies vor Abschluss des Vertrages über die Unterkunft zugesichert hat.«
(§ 22 Abs. 2a Satz 1 SGB II)

Die Vorschrift ist neu und gilt erst seit Mitte 2006. Personen unter 25 Jahren, die aus der elterlichen Wohnung ausziehen wollen, müssen also erst die Genehmigung der Behörde einholen. Ansonsten erhalten sie nur einen reduzierten Regelsatz von 276 Euro. Außerdem erstattet ihnen die Behörde keine Kosten für Unterkunft und Heizung. Das Ziel dieser Maßnahme besteht offensichtlich darin, die unter 25-jährigen Kinder so lange wie möglich als Teil einer Bedarfsgemeinschaft mit ihren Eltern zu führen. Denn den Kindern müssen dann nur 80 Prozent des Regelsatzes bezahlt werden. Sobald die Kinder einen eigenen Haushalt führen, haben sie Anspruch auf den vollen Regelsatz. Die Behörde ist jedoch verpflichtet, bei Antragstellung die Kostenübernahme zuzusichern, wenn schwerwiegende soziale oder andere Gründe für einen Umzug vorliegen.

Darlehen bei Mietschulden

»Sofern Leistungen für Unterkunft und Heizung erbracht werden, können auch Schulden übernommen werden, soweit dies zur Sicherung der Unterkunft oder zur Behebung einer vergleichbaren Notlage gerechtfertigt ist (…) Geldleistungen sollen als Darlehen erbracht werden.«
(§ 22 Abs. 5 Satz 1,4 SGB II)

Sind Sie schon seit Monaten mit der Miete im Rückstand? Kann es sein, dass der Vermieter Ihnen bereits mit Kündigung gedroht hat? Da ein obdachloser ALG-II-Empfänger schlechte Chancen auf dem Arbeitsmarkt hat, schreitet in einem solchen Fall die ARGE ein und unterstützt Sie mit einem Darlehen. Sollten Sie kein ALG II erhalten, ist das Sozialamt für Sie zuständig.

Leistungen für Mehrbedarfe bei Lebensunterhalt und Ernährung
»Erwerbsfähige Hilfebedürftige, die aus medizinischen Gründen einer kostenaufwändigen Ernährung bedürfen, erhalten einen Mehrbedarf in angemessener Höhe.«
(§ 21 Abs. 5 SGB II)

»Für Kranke, Genesende, behinderte Menschen oder von einer Krankheit oder von einer Behinderung bedrohte Menschen, die einer kostenaufwändigen Ernährung bedürfen, wird ein Mehrbedarf in angemessener Höhe anerkannt.«
(§ 30 Abs. 5 SGB XII – Sozialhilfe –)

Nicht nur erwerbsfähige Hilfebedürftige (also ALG-II-Leistungsempfänger), sondern auch nicht erwerbsfähige Hilfebedürftige, die von Sozialhilfe leben, oder nicht erwerbsfähige Angehörige einer Bedarfsgemeinschaft haben ein Anrecht auf sogenannte Mehrbedarfe, wenn sie beispielsweise einer kostenaufwendigen Ernährung bedürfen. Der Gesetzgeber orientiert sich hierbei in der Regel an den Empfehlungen des Deutschen Vereins für öffentliche und private Fürsorge (DV) von 1997. Die Höhe der Mehrausgaben für die Ernährung bei bestimmten Krankheiten können Sie den Seiten 53–55 entnehmen.
Anderweitige Empfehlungen, etwa vonseiten einer Ärztegruppe der Akademie für öffentliches Gesundheitswesen *(Begutachtungsleitfaden für den Mehrbedarf bei krankheitsbedingter kostenaufwändiger Ernährung,* Hrsg. Landschaftsverband Westfalen-Lippe. Abteilung Soziales, Pflege und Rehabilitation, 2002) werden von manchen Ämtern gern herangezogen, sind aber nach mehreren Urteilen der Sozialgerichte nicht maßgeblich.

Empfehlungen des Deutschen Vereins für öffentliche und private Fürsorge (DV), 1997

Die nachfolgende Aufstellung richtet sich nach den Empfehlungen des DV. Die genannten Zulagen werden von den Behörden ausgezahlt.

Art der Erkrankung	Krankenkost/ Kostform	Krankenkostzulagen
Colitis ulcerosa (mit Geschwürbildungen einhergehende Erkrankung der Dickdarmschleimhaut)	Vollkost	25,56 €
Diabetes mellitus Typ I (intensivierte konventionelle Insulintherapie)	Vollkost	25,56 €
Diabetes mellitus Typ I (konventionelle Insulintherapie)	Diabeteskost	51,13 €
Diabetes mellitus Typ II a	Diabeteskost	51,13 €
HIV-Infektion/Aids	Vollkost	25,56 €
Hyperlipidämie (Erhöhung der Blutfettwerte)	Lipidsenkende Kost	35,79 €

Art der Erkrankung	Krankenkost/ Kostform	Krankenkostzulagen
Hypertonie (Blutdruckerhöhung); kardiale oder renale Ödeme (Gewebswasseransammlungen bei Herz- oder Nierenkrankheiten)	Natriumdefinierte Kost	25,56 €
Hyperurikämie (zu viel Harnsäure im Blut); Gicht (verursacht durch Harnsäureablagerungen)	Purinreduzierte Kost	30,68 €
Krebs	Vollkost	25,56 €
Leberinsuffizienz	Eiweißdefinierte Kost	30,68 €
Morbus Crohn (Magen-Darm-Krankheit)	Vollkost	25,56 €
Multiple Sklerose (Erkrankung des Zentralnervensystems)	Vollkost	25,56 €
Neurodermitis (erbliche Haut- und Schleimhauterkrankung)	Vollkost	25,56 €
Niereninsuffizienz	Eiweißdefinierte Kost	30,68 €

Art der Erkrankung	Krankenkost/ Kostform	Krankenkostzulagen
Niereninsuffizienz mit Hämodialysebehandlung	Dialysediät	61,36 €
Ulcus duodeni (Geschwür im Zwölffingerdarm); Ulcus ventriculi (Magengeschwür)	Vollkost	25,56 €
Zöliakie/Sprue (Durchfallerkrankung durch Eiweißüberempfindlichkeit)	Glutenfreie Kost	66,47 €

Mehrbedarfszuschläge erhalten ferner
• Schwangere nach der 12. Schwangerschaftswoche, sofern sie ALG-II-Empfängerinnen sind oder einer Bedarfsgemeinschaft angehören (max. 59 Euro)
• Alleinerziehende (je nach Anzahl und Alter der Kinder zwischen 12 und 60 Prozent des Regelsatzes von 345 Euro)
• erwerbsfähige behinderte Hilfebedürftige (35 Prozent des Regelsatzes).

Leistungen für einmaligen Bedarf
Früher konnte ein Sozialhilfeempfänger noch einmalige Beihilfen z. B. für Waschmaschinenreparatur, notwendige Kleidung oder Familienfeiern wie Hochzeit und Taufe beantragen. Das ist heute nicht mehr möglich. Laut SGB II sind all diese Aufwendungen bereits im Regelsatz von 345 Euro enthalten! Finanziert werden nur noch:

- Erstausstattungen der Wohnung inkl. der Haushaltsgeräte
- Erstausstattungen für Bekleidung, auch bei Schwangerschaft und Geburt
- Mehrtägige Klassenfahrten im Rahmen der schulrechtlichen Bestimmungen

Ein Anspruch auf Erstausstattung kann bei eigener Haushaltsgründung, aber auch z. B. nach einem Wohnungsbrand oder aus anderen Gründen gegeben sein.

Gerichtsurteile zu Hartz IV

Das Landessozialgericht Berlin-Brandenburg hat sich im März 2006 mit der Höhe einmaliger Leistungen anlässlich der **Geburt eines Kindes** beschäftigt. Dabei kam das Gericht zu dem Schluss, dass ein Betrag von etwa 500 Euro die Kosten für Anschaffung notwendiger Kindermöbel und eines Kinderwagens decke. Dabei steht dem Kind ein eigener Anspruch auf Leistungen zum Lebensunterhalt zu, den die Eltern in seinem Namen geltend machen.
(Az.: Landessozialgericht Berlin-Brandenburg L 10 B 106/06 AS ER)

Befristeter monatlicher Zuschlag nach Bezug von Arbeitslosengeld (I)
»Soweit der erwerbsfähige Hilfebedürftige Arbeitslosengeld II innerhalb von zwei Jahren nach dem Ende des Bezugs von Arbeitslosengeld bezieht, erhält er in diesem Zeitraum einen monatlichen Zuschlag.«
(§ 24 Abs. 1 Satz 1 SGB II)

Einen befristeten monatlichen Zuschlag zum ALG II erhält, wer diese drei Bedingungen erfüllt:
1. Es besteht ein Anspruch auf ALG II.

2. Der Arbeitslose hat in den letzten zwei Jahren vor dem Antrag auf ALG II Arbeitslosengeld (I) erhalten.
3. Die Summe des bisher bezogenen Arbeitslosengeldes (I) (zzgl. eines evtl. erhaltenen Wohngeldes) ist höher als das zu erwartende ALG II (zzgl. Wohn- und Heizkosten und Mehrbedarf).

Der befristete monatliche Zuschlag soll den Übergang vom Arbeitslosengeld (I) zum ALG II auf dem Niveau der Sozialhilfe etwas erleichtern. Er errechnet sich aus der Differenz zwischen Arbeitslosengeld (I) (zzgl. Wohngeld) und ALG II (inkl. Wohn- und Heizkosten und eventuelle Mehrbedarfszuschläge). Der Zuschlag beträgt zwei Drittel dieser Differenz.

Beispiel

Ein allein lebender arbeitsloser Bäcker hat zwölf Monate lang Arbeitslosengeld (I) und zusätzlich Wohngeld erhalten. Insgesamt waren das 900 Euro. Sein ALG-II-Bedarf hingegen läge bei nur 750 Euro. Bleiben 150 Euro Differenz. Zwei Drittel davon, also 100 Euro, sind es, die ihm als monatlicher Zuschlag im ersten Jahr zustehen. Im zweiten Jahr halbiert sich dieser Zuschlag auf 50 Euro.

Doch gibt es Obergrenzen, was die Höhe des Zuschlags betrifft. Sie sind folgendermaßen festgesetzt: Der Zuschlag beträgt im ersten Jahr *höchstens* 160 Euro, bei Partnern *höchstens* 320 Euro und für die in einer Bedarfsgemeinschaft wohnenden Kinder pro Kind *höchstens* 60 Euro. Im zweiten Jahr reduziert sich der Zuschlag um 50 Prozent, bei allein Lebenden also auf 80 Euro, bei Partnern auf 160 Euro und bei Bedarfsgemeinschaften mit Kindern pro Kind auf 30 Euro.

Tipp: Es lohnt sich, kurz vor Antragstellung auf ALG II noch Wohngeld zu beantragen, soweit man noch keines erhält und Anrecht darauf hat, denn so lässt sich unter Umständen der befristete Zuschlag sichern bzw. erhöhen. Einen Versuch ist es allemal wert. Erfahrungsgemäß haben weit mehr Arbeitslosengeldempfänger Anspruch auf Wohngeld, als die, die es tatsächlich beantragt haben. (Nur ALG-II-Empfängern ist der Zugang zum Wohngeld verwehrt.) Je höher die Leistungen zum Arbeitslosengeld (I) (zzgl. Wohngeld) einen Monat vor Ende des Bezugs sind, umso höher ist auch der spätere Zuschlag! Deshalb ist auch unbedingt darauf zu achten, einen Monat vor Antragstellung keinen Nebenjob auszuüben, der auf das Arbeitslosengeld (I) angerechnet wird. Nebenjobs bis 165 Euro sind anrechnungsfrei. Alles, was darüber ist, wird vom Arbeitslosengeld (I) abgezogen.

Beiträge zur Kranken-, Pflege- und Rentenversicherung

Als ALG-II-Bezieher sind Sie in der Kranken-, Pflege- und Rentenversicherung pflichtversichert, falls Sie nicht über die Familienversicherung mitversichert sind. Ausnahme: Wenn Ihnen ALG II ausschließlich auf Darlehensbasis genehmigt wurde oder Sie nur Leistungen für einmaligen Bedarf (siehe Seite 55–56) beziehen, sind Sie nicht pflichtversichert. Falls Sie bisher noch nicht in einer gesetzlichen Krankenkasse waren, dürfen Sie sich selbst bei einer Krankenkasse Ihrer Wahl anmelden. Andernfalls wird die Behörde eine geeignete Kasse bestimmen. Jeder ALG-II-Empfänger, der bisher privat versichert war, hat nun die Gelegenheit, in eine gesetzliche Krankenkasse zu wechseln. Das muss er aber nicht. Er kann sich auch von der Pflichtversicherung befreien lassen.

Unabhängig von der Höhe des letzten Einkommens und des Arbeitslosengeldes wird ein einheitlicher Rentenversicherungsbeitrag bezahlt. Basis war bis Ende 2006 ein Einkommen von 400 Euro. Das Amt zahlte einen monatlichen Beitrag von 78 Euro. Ab 1.1.2007 liegt die Berechnungsbasis bei 200 Euro. Der monatliche Beitrag, den das Amt an die Rentenkasse abführt, beträgt nur noch 40 Euro. Umgerechnet bedeutet das nach einem Jahr ALG II den verschwindend geringen zusätzlichen Rentenanspruch von 2,18 Euro pro Monat.

Mögliche Leistungen in Form von Darlehen
Für die Behörde ist mit der Regelleistung, den Kosten für Unterkunft und Heizung sowie eventuellen Ansprüchen auf Mehrbedarfe und Erstausstattungen im Prinzip alles abgedeckt. Ausnahme: Wer sich in einer besonderen Notlage befindet und einen »unabweisbaren« Bedarf hat, den er weder mit dem Regelsatz noch anderweitig decken kann, hat Anspruch auf ein Darlehen. Entstanden sein könnte ein solcher Bedarf z.B. durch Verlust, Diebstahl oder Beschädigung. Konkret könnte es sich dabei um ein notwendiges Kleidungsstück, eine defekte Waschmaschine oder ein gestohlenes Fahrrad handeln. Die ARGE kommt in einem solchen Fall mit einem Darlehen in Form von Geld- oder Sachleistungen (Anschaffungswert) zu Hilfe. Getilgt wird das Darlehen, indem höchstens zehn Prozent der monatlichen Regelleistung für den Alleinstehenden bzw. für die gesamte Bedarfsgemeinschaft abgezogen werden.

Interview mit Claudia M., 28 Jahre alt, Grafikerin

Seit wann bekommst du staatliche Hilfe?
Seit Anfang 2005.

Wie ist es zur Arbeitslosigkeit gekommen?
Mein Hauptauftraggeber ging in Insolvenz.

Wie geht es dir zur Zeit?
Arm, aber glücklich.

Was ist für dich zur Zeit das größte Problem?
Ständige Geldnöte.

Wie wirst du mit der momentanen Situation fertig?
Ich komme gut zurecht, es könnte schlimmer sein.

Wer gibt dir Halt in der augenblicklichen Situation?
Ich mir selber.

Wirst du von Verwandten oder Freunden bei der Bewältigung der Probleme unterstützt?
Leider habe ich keine engere Familie mehr.

Bist du manchmal auf Freunde angewiesen?
Ja, die sind meine Familie.

Was hat sich durch die Arbeitslosigkeit verändert?
Im Grunde habe ich mehr Zeit für mich selber. Das ist auch mal ganz gut. Ansonsten: Der Lebensstandard sinkt. Unbezahlte Rechnungen häufen sich.

Hat sich irgendetwas verbessert?
Ich bin nicht mehr so gestresst. Und Freundschaften wurden intensiviert.

Wie sieht normalerweise dein momentaner Tagesablauf aus?
Vormittags werden anstehende Termine erledigt (Bewerbungen, Behördengänge), nachmittags habe ich zeitweise Nebenjobs.

Bist du durch die Arbeitslosenhilfe etwas fauler geworden?
Sicher ein wenig.

Kommst du mit der Arbeitsagentur zurecht?
Auf jeden Fall, sehr gut.

Wie ist dein Verhältnis zu deinem sogenannten Fallmanager?
Wenn wir uns sehen, ist es nett.

Wirst du deiner Meinung nach genug gefördert? Kommen Jobangebote von der Arbeitsagentur?
Es kommt nichts, aber Medien waren noch nie in deren Kompetenzbereich.

Geht die Arbeitsagentur bei der Jobsuche auf deine persönlichen Wünsche und Interessen ein?
Es fehlt an Potenzial, um auf meine Wünsche und Interessen einzugehen. Letztendlich kann ich mir nur selber helfen.

Welches Einkommen wurde dir angerechnet? Erhältst du zusätzliche Leistungen?
Knapp 900 Euro. Aus meiner selbstständigen Tätigkeit in den Jahren zuvor. Ich erhalte keine zusätzlichen Leistungen.

Was tust du, um mit dem wenigen Geld klarzukommen?
Ich unternehme weniger als zuvor, kaufe billiger ein.

Hast du bestimmte Methoden entwickelt, um mit dem Geld auszukommen?
Sparen liegt mir nicht. Ich komme aber immer irgendwie über den Monat.

Wie wirkt sich die Geldknappheit auf dein Leben aus? Wo sind Abstriche zu machen?
Weniger Unternehmungen, weniger Kultur.
Ich habe bereits Probleme, im Winter durch die Stadt zu kommen, weil mir manchmal das Geld für die Fahrkarte fehlt.
Urlaube kann ich mir nicht mehr leisten.
Abstriche sind überall zu machen, beim Essen, beim Weggehen usw.

Hältst du das Geld, das du vom Staat kriegst, für angemessen?
Ja, auf jeden Fall!!!

Was glaubst du, wie es weitergeht?
Nebenher werde ich mich auf eigene Faust weiterbilden. Ich darf nicht die Orientierung verlieren, muss dranbleiben.
Auf keinen Fall will ich ein weiteres Jahr von der ARGE abhängig sein.

Was hast du bisher unternommen, um einen Arbeitsplatz zu finden?
Ich habe nicht alles unternommen, was nötig ist. Bei den Bewerbungen könnte ich noch mehr Eigeninitiative zeigen.

Blickst du eher zuversichtlich oder eher resigniert in die Zukunft?
Zuversichtlich, zum Glück bin ich chronischer Optimist.

Wie Sie Ihr Einkommen und Vermögen sichern und Freibeträge nutzen

»Hilfebedürftig ist, wer seinen Lebensunterhalt, seine Eingliederung in Arbeit und den Lebensunterhalt der mit ihm in einer Bedarfsgemeinschaft lebenden Personen nicht oder nicht ausreichend (...) aus dem zu berücksichtigenden Einkommen oder Vermögen sichern kann und die erforderliche Hilfe nicht von anderen, insbesondere von Angehörigen oder von Trägern anderer Sozialleistungen erhält.«
(§ 9 Abs. 1 SGB II)

Sie bekommen ALG II/Sozialgeld nur, wenn Sie finanziell wirklich darauf angewiesen sind, also über kein ausreichendes Einkommen oder Vermögen verfügen. Nur dann können Sie staatliche Leistungen beanspruchen. Das heißt, Sie müssen gegebenenfalls erst Ihr Vermögen und Einkommen aufbrauchen, bevor Sie einen Antrag auf ALG II stellen.

Doch dürfen Sie Ihr Vermögen/Einkommen nicht nachweislich verschleudern oder verschenken, um so eine Hilfebedürftigkeit und eine Unterstützung durch ALG II zu forcieren. Erfährt die Behörde davon, können empfindliche Sanktionen drohen.

Nichts einzuwenden ist gegen eine sinnvolle Verwendung des Geldes, z. B. für notwendige Haushaltsgeräte o. Ä.

Leben Sie in einer Bedarfsgemeinschaft mit zwei oder mehr Personen, müssen auch deren Einkommens- und Vermögensverhältnisse mitberücksichtigt werden. Jedoch hat der Gesetzgeber bestimmte Freibeträge vorgesehen. Bleiben Einkommen und Vermögen im Rahmen dieser Freibetragsgrenzen, sind sie anrechnungsfrei. Ansonsten werden sie auf das ALG II angerechnet. Das heißt, Sie bekommen weniger ALG II.

Was ist der Unterschied zwischen Einkommen und Vermögen?

Einkommen ist schlicht gesagt das, was Sie in der Bedarfszeit dazubekommen, Vermögen das, was Sie bereits haben. Einkommen sind nach dem SGB II alle Einnahmen in Geld oder Geldeswert.

Was zum Einkommen zählt
- Einkommen aus selbstständiger Tätigkeit
- Einkommen aus abhängiger Erwerbstätigkeit
- Arbeitslosengeld
- Krankengeld
- Renten
- Einnahmen aus Vermietung und Verpachtung
- Kapital- und Zinserträge
- Kindergeld

Was nicht zum Einkommen gehört
- Leistungen nach dem SGB II (also ALG II)
- Grundrenten nach dem Bundesversorgungsgesetz (BVG) und nach Gesetzen, die eine entsprechende Anwendung des BVG vorsehen, z. B. Grundrenten für Opfer von Gewalttaten oder für Wehrdienst- und Zivildienstopfer.
- Renten und Beihilfen nach dem Bundesentschädigungsgesetz (BEG, hierbei handelt es sich beispielsweise um Renten für Opfer des NS-Regimes oder der SED-Herrschaft)
- Erziehungsgeld (ab 1.1.2007: Elterngeld)
- Mutterschaftsgeld
- Schmerzensgeld
- Aufwandsentschädigungen, z. B. für ehrenamtliche Tätigkeiten
- Arbeitsförderungsgeld für die Arbeit in Werkstätten für Behinderte

- Einnahmen und Zuwendungen der Träger der freien Wohlfahrtspflege (z. B. Arbeiterwohlfahrt, Caritas)
- Blindengeld
- Pflegegeld nach SGB XI
- Eigenheimzulage
- Leistungen nach dem HIV-Hilfegesetz
- Zuwendungen Dritter, z. B. Ehrensold für Künstler
- Zusätzlich zum Lohn gezahlte vermögenswirksame Leistungen

All diese zuletzt aufgeführten Einnahmen gehören nicht zum anrechenbaren Einkommen, sie werden im Fachjargon »privilegiertes Einkommen« genannt.

Vom übrigen, anzurechnenden (Brutto-)Einkommen (siehe oben) darf noch eine ganze Reihe von Beträgen abgezogen werden. Das bezeichnet man als »Einkommensbereinigung«. Das »bereinigte« Nettoeinkommen wird dem ALG-II-Bedarf gegenübergestellt und so die exakte Höhe der zu erwartenden Leistungen berechnet.

Gerichtsurteile zu Hartz IV

Wenn ein Arbeitsloser eine eigene Immobilie bewohnt und vom Staat eine **Eigenheimzulage** erhält, hat diese keine Auswirkungen auf die Höhe des Arbeitslosengeldes II. Die Begründung: Die Eigenheimzulage dient der Finanzierung der Immobilie und nicht dem Lebensunterhalt.
(Az.: Landessozialgericht Hamburg L 5 B 116/05 ER AS)

Folgende Beträge können Sie vom Einkommen abziehen:
- Steuern, die auf das Einkommen entrichtet wurden, z. B. Lohnsteuer, Kirchensteuer, Gewerbesteuer, Kapitalertragsteuer

- Pflichtbeiträge zur Sozialversicherung
bei Arbeitnehmern: Krankenversicherung, Pflegeversicherung, Rentenversicherung, Arbeitslosenversicherung
bei Selbstständigen: Altershilfe für Landwirte, Handwerkerversicherung, Unfallversicherung
- Beiträge zu öffentlichen und privaten Versicherungen, soweit sie gesetzlich vorgeschrieben oder ihrem Grund und ihrer Höhe nach angemessen sind (z. B. Sterbegeldversicherung, private Haftpflichtversicherung, Hausratversicherung, Kfz-Haftpflichtversicherung (Die Geltendmachung dieser Art von Versicherung ist jedoch strittig!), Unfallversicherung
- Beiträge für die staatliche Altersvorsorge (Riester-Rente)
- Beiträge zu Berufsverbänden und Gewerkschaften
- Kosten für Kinderbetreuung und Schulmaterial
- Bewerbungskosten (einschließlich Telefon- und Internetkosten)
- Fort- und Weiterbildungskosten (einschließlich Fachliteratur)
- Aufwendungen für doppelte Haushaltsführung am Wohn- und Arbeitsort
- Aufwendungen für Arbeitskleidung
- Fahrt- und Reisekosten
- Umzugskosten

All diese zuletzt aufgelisteten Kosten und Beiträge lassen sich also absetzen. Für einige Posten, z. B. private Versicherungen oder Werbungskosten, hat der Gesetzgeber Pauschalen bestimmt, die – soweit keine höheren Ausgaben nachgewiesen werden – genutzt werden können. Bei privaten Versicherungen sind das monatlich 30 Euro. Bei Werbungskosten (dazu zählen alle die Ausgaben, die dazu dienen, Einkommen zu erzielen) können von vornherein pauschal 15,33 Euro monatlich abgesetzt werden.

Was zum Vermögen zählt
- Bargeld
- Kontoguthaben
- Schecks
- Sparbücher
- Schenkungen
- Bausparvermögen
- Aktien oder Fondsanteile
- Sparbriefe
- Forderungen
- Unbewegliche Gegenstände, z. B. Immobilien, Grundstücke
- Bewegliche Gegenstände, z. B. Autos, Erbstücke, Antiquitäten, Schmuck
- Erträge aus dem Verkauf von Haus- und Grundbesitz
- Lebensversicherungen

Mit Vermögen ist also nicht allein das Geldvermögen gemeint. Zum Vermögen gehört im Grunde alles, was in einen Geldwert umgewandelt werden könnte, also verwertbar ist. Und all das wird bei der Vermögensberechnung der ARGE berücksichtigt. Entscheidend ist dabei der sogenannte Verkehrswert des jeweiligen Gegenstandes. Darunter ist der Geldbetrag zu verstehen, der beim Verkauf auf dem freien Markt erzielt werden könnte. Diesen Verkehrswert muss der ALG-II-Antragsteller schätzen bzw. mit Unterlagen nachweisen und im Antragsformular angeben. Bei besonders wertvollen Gegenständen, z. B. dem Gemälde eines anerkannten Malers oder einem wertvollen, handgewebten Teppich kann es sogar notwendig werden, ein Gutachten in Auftrag zu geben, das Sie allerdings aus eigener Tasche bezahlen müssen.

Nicht verwertbar ist Vermögen – egal ob es sich um Geld- oder Sachvermögen handelt – dann, wenn Sie nicht frei darüber verfügen können. Das kann z. B. der Fall sein, wenn der teure LCD-Fernseher oder die 500

Jahre alte Buddhastatue gepfändet ist. Ein anderes Beispiel wäre das von der Großmutter eingerichtete, regelmäßig bedachte Sparbuch für den Lieblingsenkel, der aber erst ab einem bestimmten Alter darüber verfügen darf. Und es gibt weitere Ausnahmen. In § 12 Abs. 3 SGB II heißt es:

»Als Vermögen sind nicht zu berücksichtigen
1. angemessener Hausrat,
2. ein angemessenes Kraftfahrzeug für jeden in der Bedarfsgemeinschaft lebenden erwerbsfähigen Hilfebedürftigen,
3. vom Inhaber als für die Altersvorsorge bestimmt bezeichnete Vermögensgegenstände in angemessenem Umfang, wenn der erwerbsfähige Hilfebedürftige oder sein Partner von der Versicherungspflicht in der gesetzlichen Rentenversicherung befreit ist,
4. ein selbst genutztes Hausgrundstück von angemessener Größe oder eine entsprechende Eigentumswohnung,
5. Vermögen, solange es nachweislich zur baldigen Beschaffung oder Erhaltung eines Hausgrundstücks von angemessener Größe bestimmt ist, soweit dieses zu Wohnzwecken behinderter oder pflegebedürftiger Menschen dient oder dienen soll und dieser Zweck durch den Einsatz oder die Verwertung des Vermögens gefährdet würde,
6. Sachen und Rechte, soweit ihre Verwertung offensichtlich unwirtschaftlich ist oder für den Betroffenen eine besondere Härte bedeuten würde.«

Auch hier ist wieder die Bezeichnung »Angemessenheit« ausschlaggebend. Was die ARGE unter einer angemessenen Wohnung versteht, wissen wir bereits (siehe Seite 42). Aber was genau ist angemessener Hausrat oder ein angemessenes Kraftfahrzeug? Zum angemessenen Hausrat zählen alle Sachgegenstände, die gewöhnlich zu einem Haushalt gehören und notwendig sind, z. B. eine Waschmaschine, ein Bett, ein Kleiderschrank oder eine eingerichtete Küche. Ein Kraftfahrzeug (Pkw oder Motorrad) gilt gemeinhin bis zu einem Verkaufswert von 5000 Euro als angemessen. Doch gab es hierzu in den letzten Jahren eine Reihe von Urteilen der Sozialgerichte, die einen wesentlich höheren Richtwert nahelegen. Gerade in ländlichen, kaum an ein öffentliches Verkehrsnetz angeschlossenen Regionen oder unter besonderen Umständen (z. B. mehrere Kinder, Behinderung, berufliche Gründe) wird ein Verkaufswert von bis zu 10 000 Euro noch als angemessen betrachtet. Anzurechnendes Vermögen wäre allerdings ein wesentlich teureres Auto oder ein Zweitwagen. Beides müssten Sie eventuell verkaufen, um als hilfebedürftig zu gelten. Auch für den Fall, dass Sie noch kein Auto besitzen und sich zwecks beruflicher Flexibilität eines anschaffen möchten, wird die ARGE Sie in der Regel dabei nicht finanziell unterstützen.

Ausnahmen: Sie sind schwerbehindert und benötigen ein Auto, um eine Arbeit aufnehmen und den Alltag bewältigen zu können. Oder Sie wollen sich selbstständig machen, und ein Pkw ist für die geplante Tätigkeit unerlässlich.

Geschütztes, nicht anrechenbares Vermögen bilden auch »Sachen und Rechte, soweit ihre Verwertung offensichtlich unwirtschaftlich ist oder für den Betroffenen eine besondere Härte bedeuten würde« (§ 12 Abs. 3 Satz 1 Nr. 6 SGB II). Die Verwertung von Sachen oder Rechten gilt als unwirtschaftlich, wenn der momentane Verkehrswert deutlich (mehr als zehn Prozent) unter dem »Substanzwert« liegt. Der Substanzwert orientiert sich bei Lebensversicherungen z. B. an den eingezahlten Beiträgen, bei Sachgegenständen am Marktwert.

Als eine für den Betroffenen besondere Härte anerkennt die ARGE die Verwertung bestimmter Rücklagen für Altersvorsorge oder Bestattungen sowie von Erb- und Familienstücken, die für den Besitzer neben dem tatsächlichen auch einen ideellen Wert haben.
Ferner ist die augenblickliche Situation des Antragstellers zu beachten. Sachen, die zur Arbeitssuche oder zur Berufsausübung unbedingt benötigt werden, z. B. ein Kleintransporter oder eine teure Filmkamera, werden ebenfalls nicht angerechnet.

Welche Freibeträge stehen Ihnen zu?

Nachdem Sie die oben genannten Beträge (Steuern, Sozialversicherungsbeiträge usw.) von Ihrem Einkommen abgezogen haben, steht Ihnen noch ein sogenannter Freibetrag zu, den Sie als Erwerbstätiger zusätzlich geltend machen dürfen.
Auch für Ihr Vermögen werden Ihnen Freibeträge gewährt. Doch kommen wir zuerst zu den Freibeträgen, die Sie vom Einkommen abziehen können. Im SGB II heißt es dazu:

»Bei erwerbsfähigen Hilfebedürftigen, die erwerbstätig sind, ist von dem monatlichen Einkommen aus Erwerbstätigkeit ein weiterer Betrag abzusetzen. Dieser beläuft sich
1. für den Teil des monatlichen Einkommens, das 100 Euro übersteigt und nicht mehr als 800 Euro beträgt, auf 20 vom Hundert und
2. für den Teil des monatlichen Einkommens, das 800 Euro übersteigt und nicht mehr als 1200 Euro beträgt, auf 10 vom Hundert.
An Stelle des Betrages von 1200 Euro tritt für erwerbsfähige Hilfebedürftige, die entweder mit mindestens einem minderjährigen Kind in Bedarfsgemeinschaft leben

oder die mindestens ein minderjähriges Kind haben, ein Betrag von 1500 Euro.«
(§ 30 SGB II)

Vom Einkommen sind also anrechnungsfrei:
• Ein Grundfreibetrag von 100 Euro
• Bei einem Bruttoeinkommen zwischen 100,01 und 800 Euro 20 Prozent
• Bei einem Bruttoeinkommen zwischen 800,01 und 1200 Euro nochmals 10 Prozent
• Haben Sie ein minderjähriges Kind oder lebt in Ihrer Bedarfsgemeinschaft ein minderjähriges Kind, steigt die Freibetragsgrenze von 1200 auf 1500 Euro.

Der Grundfreibetrag wurde im Oktober 2005 eingeführt, um die Hinzuverdienstmöglichkeiten von ALG-II-Empfängern zu verbessern und die Anrechnung zu vereinfachen. Mit dem Grundfreibetrag von 100 Euro werden pauschal abgedeckt:
• Beiträge zu öffentlichen und privaten Versicherungen
• Riester-Altersvorsorge
• Werbungskosten, darunter fallen z. B.
– Kosten für doppelte Haushaltsführung
– Beiträge zu Berufsverbänden und Gewerkschaften
– Fahrt-, Reise- und evtl. auch Umzugskosten
– Aufwendungen für Berufskleidung, Arbeitsmaterial
– Fort- und Weiterbildungskosten
– Kinderbetreuungskosten
Sollten Sie belegen können, dass Ihre Ausgaben für diese Posten höher sind als die Grundpauschale, wird Ihnen ein entsprechend höherer Grundfreibetrag zuerkannt. Allerdings erst ab einem Einkommen über 400 Euro! Auch wenn Sie nachweisen können, dass die Werbungskosten ihren Minijob betreffend tatsächlich höher liegen und nicht mit dem Grundfreibetrag von

100 Euro abgedeckt sind, müssen Sie sich mit der geringeren Grundpauschale abfinden.

Also nur wer mehr als 400 Euro verdient, kann auch einen höheren Grundfreibetrag als 100 Euro veranschlagen, wenn die Aufwendungen z. B. aufgrund hoher Werbungs- und Fahrtkosten zusammen über 100 Euro betragen.

Wichtig: Entscheidend für die Höhe der Freibeträge ist das Bruttoeinkommen (vor Abzug der Steuern und Abgaben).

Gerichtsurteile zu Hartz IV

Das Sozialgericht Dresden hat einem Vater, dessen Sohn in einer anderen Stadt wohnt, die Übernahme von **Fahrt- und Übernachtungskosten** bewilligt, damit er seinen Sohn regelmäßig besuchen kann. Das Gericht kam dabei zu dem Schluss, dass Fahrt- und Übernachtungskosten, die im Monat mehr als ca. 170 Euro betragen, nicht aus den ALG-II-Regelsätzen finanzierbar sind. Das Umgangsrecht mit einem Kind wird aber als unabweisbarer Bedarf anerkannt und muss deshalb bezuschusst werden. Allerdings ist der ALG-II-Empfänger gehalten, bei Bahnfahrten auf preiswerte Fahrkarten zurückzugreifen.
(Az.: Sozialgericht Dresden S 23 AS 982/05 ER)

Beispiel 1
Herr Felix Müller lebt in einer eheähnlichen Beziehung. Seine Partnerin Elvira Stein bezieht ALG II. Felix hat ein Bruttoeinkommen von 1600 Euro. Davon bleibt nach Abzug von Steuern und Sozialabgaben ein Nettoeinkommen von 1275 Euro. Von den Bruttobezügen werden noch wie folgt Grundfreibetrag und Freibeträge abgezogen:

Bruttoeinkommen	1600 Euro
Steuern und Sozialabgaben	– 325 Euro
Nettoeinkommen	1275 Euro
Grundfreibetrag	100 Euro
Freibetrag 20 Prozent (100,01 bis 800 Euro)	140 Euro
Freibetrag 10 Prozent (800,01 bis 1200 Euro)	40 Euro
Nicht angerechnet werden also Freibeträge von	280 Euro
Bleibt ein anrechenbares Einkommen von	995 Euro

Das Paar verfügt also über ein Einkommen von 995 Euro. Dieses Einkommen wird den Leistungsansprüchen auf ALG II gegengerechnet.

Elvira Stein könnte einen höheren Grundfreibetrag geltend machen, wenn die monatlichen Ausgaben für Werbungskosten usw. höher sind als der reguläre Grundfreibetrag. Das könnte z. B. so aussehen:

Versicherungspauschale	30,00 Euro
Werbungskostenpauschale	+ 15,33 Euro
Fahrtkosten	+ 44,60 Euro
Kfz-Versicherung	+ 59,00 Euro
Gesamt:	148,93 Euro

Der höhere Grundfreibetrag wäre also 148,93 Euro statt 100 Euro. Der Zusatzfreibetrag von 20 Prozent verringert sich dadurch geringfügig. Denn es sind nun nicht die Bruttoeinkünfte von 100 bis 800, sondern die von 148,93 bis 800 Euro zu berücksichtigen.

Beispiel 2
Ernst und Elfriede Meerrettich sind verheiratet, sie leben zusammen mit ihrem vierjährigen Sohn Max in ei-

ner Dreizimmerwohnung. Ernst, von Beruf Schreiner, ist derzeit arbeitslos und bezieht seit einigen Wochen ALG II. Elfriede Meerrettich arbeitet als Verlagsangestellte und verdient 1900 Euro brutto im Monat. Nach Abzug von Steuern und Sozialversicherungsbeiträgen bleiben 1400 Euro, zuzüglich Kindergeld von 154 Euro, also insgesamt 1554 Euro. Zusätzlich zu den Freibeträgen in Beispiel 1 kommen wegen des minderjährigen Kindes noch 30 Euro hinzu. Denn durch das Kind erhöht sich die Freibetragsgrenze auf 1500 Euro.

Grundfreibetrag	100 Euro
Freibetrag 20 Prozent (100,01 bis 800 Euro)	140 Euro
Freibetrag 10 Prozent (800,01 bis 1200 Euro)	40 Euro
Freibetrag 10 Prozent (1200,01 bis 1500 Euro)	30 Euro
Gesamtfreibetrag	310 Euro

Es werden also 310 Euro nicht angerechnet; das ergibt ein anzurechnendes Einkommen von 1244 Euro. Aufgrund dieses Einkommens wird der Anspruch, den die Familie auf ALG II hat, berechnet.

Beispiel 3
Meike S. hat einen 400-Euro-Job. Sie zahlt keine Steuern und keine Sozialversicherungsbeiträge. Das Einkommen beträgt nach Abzug der Freibeträge 240 Euro.

Grundfreibetrag:	100 Euro
Freibetrag 20 Prozent (100,01 bis 400 Euro)	60 Euro
Gesamtfreibetrag	160 Euro

Die Summe aller Freibeträge beträgt 160 Euro, daraus ergibt sich das anzurechnende Einkommen.

Was bedeutet das für die Höhe des ALGII?

Das Nettoeinkommen (Bruttoeinkommen nach Abzug von Steuern, Sozialversicherungsbeiträgen und Werbungskosten und nach Abzug der Ihnen zustehenden Freibeträge) wird nun Ihrem errechneten Bedarf gegenübergestellt. Wenn Sie das Einkommen vom Bedarf subtrahieren, sehen Sie, ob Ihnen Leistungen nach ALG II zustehen.

Für Felix Müller und Elvira Stein aus unserem oben aufgeführten Beispiel 1 würde das heißen:

Bedarf von Felix Müller und Elvira Stein:

Partner (90 Prozent des Regelsatzes)	311 Euro
Partner (90 Prozent des Regelsatzes)	311 Euro
Unterkunft und Heizung	450 Euro
Gesamtbedarf	1072 Euro

Da das Nettoeinkommen von Felix und Elvira (abzüglich Steuern usw. und Freibeträgen) nur 995 Euro beträgt, liegt ganz klar Hilfebedürftigkeit vor, und der Anspruch auf ALG II ist rechtens. Vom Bedarf (1072 Euro) wird das anzurechnende Einkommen von 995 Euro abgezogen. Felix Müller erhält ein ALG II in Höhe von 77 Euro.

Für Familie Meerrettich aus Beispiel 2 ergibt sich folgender Bedarf:

Ernst Meerrettich (90 Prozent des Regelsatzes)	311 Euro
Elfriede Meerrettich (90 Prozent des Regelsatzes)	311 Euro
Sohn Max (60 Prozent des Regelsatzes)	207 Euro
Unterkunft und Heizung	600 Euro
Gesamtbedarf	1429 Euro

Weil das anzurechnende Einkommen der Meerrettichs nur 1244 Euro beträgt, ihr Bedarf also darüber liegt, haben sie Anspruch auf ALG II in Höhe von 185 Euro. (1429 Euro – 1244 Euro = 185 Euro)
Meike S. (Beispiel 3) kann von ihrem steuerfreien 400-Euro-Job Freibeträge von 160 Euro geltend machen und behalten. Auf ihr ALG II werden ihr somit nur 240 Euro angerechnet.

Hinzuverdienst zum ALG II erwünscht!
ALG-II-Empfänger dürfen und sollen zu ihrem Arbeitslosengeld etwas hinzuverdienen. Denn das proklamierten die Verantwortlichen als eines der Hauptziele von Hartz IV: Menschen wieder in Arbeit zu bringen und sie in den Arbeitsalltag wiedereinzugliedern. Die Freibeträge werden als eine zusätzliche Motivationshilfe betrachtet.
Wie viel Sie von Ihrem Erwerbseinkommen behalten dürfen, können Sie ohne große Rechnerei leicht der folgenden Tabelle entnehmen:

Brutto-einkommen	Grund-freibetrag	Zusatz-freibeträge	Gesamt-freibetrag
100 Euro	100 Euro	–	100 Euro
200 Euro	100 Euro	20 Euro	120 Euro
300 Euro	100 Euro	40 Euro	140 Euro
400 Euro	100 Euro	60 Euro	160 Euro
500 Euro	100 Euro	80 Euro	180 Euro
600 Euro	100 Euro	100 Euro	200 Euro
700 Euro	100 Euro	120 Euro	220 Euro
800 Euro	100 Euro	140 Euro	240 Euro
900 Euro	100 Euro	150 Euro	250 Euro
1000 Euro	100 Euro	160 Euro	260 Euro
1100 Euro	100 Euro	170 Euro	270 Euro
1200 Euro	100 Euro	180 Euro	280 Euro

Brutto-einkommen	Grund-freibetrag	Zusatz-freibeträge	Gesamt-freibetrag
1300 Euro	100 Euro	190 Euro*	290 Euro*
1400 Euro	100 Euro	200 Euro*	300 Euro*
1500 Euro	100 Euro	210 Euro*	310 Euro*

* Nur für ALG-II-Empfänger mit minderjährigen Kindern

Der Gesamtfreibetrag setzt sich wie oben geschildert aus dem Grundfreibetrag (100 Euro) und den Zusatzfreibeträgen von 20 bzw. 10 Prozent zusammen.

Vermögensfreibeträge
»Vom Vermögen sind abzusetzen
1. ein Grundfreibetrag in Höhe von 150 Euro je vollendetem Lebensjahr des volljährigen Hilfebedürftigen und seines Partners, mindestens aber jeweils 3100 Euro; der Grundfreibetrag darf für den volljährigen Hilfebedürftigen und seinen Partner jeweils 9750 Euro nicht übersteigen,
1a. ein Grundfreibetrag in Höhe von 3100 Euro für jedes hilfebedürftige minderjährige Kind (...)«
(§ 12 Abs. 2 Nr. 1,1a SGB II)

Geschützt und damit nicht anrechenbar ist Ihr Vermögen, solange es im Rahmen der vom Gesetzgeber festgelegten Freibetragsgrenzen bleibt.
Der erwerbsfähige Hilfebedürftige hat einen Grundfreibetrag von 150 Euro für jedes vollendete Lebensjahr.
Sind Sie vor dem 1.1.1948 geboren, steht Ihnen ein Freibetrag von 520 Euro je Lebensjahr zu. Die Höchstgrenze liegt bei 33 800 Euro (65 Jahre × 520 Euro = 33 800 Euro). Für hilfebedürftige minderjährige Kinder ist ein Freibetrag von 3100 Euro vorgesehen.

Beispiel
Die Familie Übermauer hat zwei minderjährige Kinder. Der Freibetrag des 60-jährigen Vaters liegt bei 31 200 Euro, denn er ist vor dem 1.1.1948 geboren und kann 520 Euro pro Lebensjahr (60 Jahre × 520 Euro) geltend machen. Der Freibetrag der 40-jährigen Mutter beträgt 6000 Euro (40 Jahre × 150 Euro). Für die beiden hilfebedürftigen minderjährigen Kinder ergibt sich ein Freibetrag von 6200 Euro.
Der Familie Übermauer bleibt insgesamt ein anrechnungsfreies Vermögen von 43 400 Euro.

Weitere Freibeträge
Freibeträge für Altersvorsorge: Die staatlich geförderte Riester-Rente gilt als geschütztes Vermögen, das nicht angerechnet werden darf. Haben Sie eine zusätzliche oder anderweitige Altersvorsorge getroffen (z. B. in Form einer Lebensversicherung), dann stehen Ihnen davon Freibeträge in Höhe von 250 Euro pro Lebensjahr (maximal 16 250 Euro) zu. Voraussetzung ist allerdings, dass Sie das Vermögen dieser Altersvorsorge nicht vor Eintritt in den Ruhestand nutzen können. Ein Rückkauf, eine vorzeitige Auszahlung oder Kündigung darf also laut Vertrag nicht möglich sein. (Ausreichend ist ein Ausschluss der Verwertung vor dem 60. Lebensjahr.)
Diese sogenannte »Hartz-IV-Klausel« können Sie auch kurz vor Ihrem Antrag auf ALG II noch in Ihren Versicherungsvertrag eintragen lassen. Wichtig ist, dass Sie das vor Ihrer Antragstellung tun. Andernfalls gilt der Versicherungswert komplett als anzurechnendes Vermögen, das Sie für Ihren Lebensunterhalt einsetzen müssen. Im Antragsformular auf ALG II ist der Rückkaufswert der Lebensversicherung zum Abgabezeitpunkt des Antrags anzugeben. Doch auch hier gilt dasselbe wie für Sachwerte. Ist die Verwertung unwirt-

schaftlich, ist Ihre Versicherung außen vor. Liegt der Rückkaufswert um mehr als zehn Prozent unter der Summe der eingezahlten Beträge, ist eine Verwertung unzumutbar. Es ist also sinnvoll, vor Antragstellung auf ALG II seinen Versicherungsvertrag diesbezüglich zu prüfen!

Freibetrag für notwendige Anschaffungen: Dem Alleinstehenden und jedem Mitglied einer Bedarfsgemeinschaft stehen zusätzlich zum Grundfreibetrag 750 Euro als Freibetragspauschale für notwendige Anschaffungen zur Verfügung. Eine notwendige Anschaffung könnte beispielsweise eine neue Zimmereinrichtung sein.

Das geschützte Vermögen der Familie Übermauer (Zwei Erwachsene, zwei minderjährige Kinder) steigt durch die zusätzliche Anrechnung von vier Freibeträgen à 750 Euro auf insgesamt 46 400 Euro.

Haushaltseinkommen mit ALG II:
Musterrechnungen

Beispiel I: Alleinstehende(r)
Miete und Heizung 317 €
Früheres Bruttoeinkommen 1500 €

Bedarfsberechnung:
Regelleistung	345 €
Unterkunft und Heizung	317 €
Bedarf insgesamt	**662 €**

Zu berücksichtigendes Einkommen:
Zu berücksichtigendes Einkommen	0 €

Berechnung ALG II:
ALG-II-Leistung	662 €
Zuzüglich befristeter Zuschlag (im 1. Jahr nach ALG I)	+ 31 €
Zuzüglich befristeter Zuschlag (im 2. Jahr nach ALG I)	+ 16 €

Haushaltseinkommen mit ALG II:
im 1. Jahr nach ALG I	693 €
im 2. Jahr nach ALG I	678 €
im 3. Jahr nach ALG I	662 €

(Quelle: *Hartz IV. Menschen in Arbeit bringen.*
Hrsg. Bundesministerium für Arbeit, Dezember 2004)

Beispiel II: Alleinstehende(r)
Miete und Heizung 317 €
Früheres Bruttoeinkommen 3000 €

Bedarfsberechnung:

Regelleistung	345 €
Unterkunft und Heizung	317 €
Bedarf insgesamt	**662 €**

Zu berücksichtigendes Einkommen:

Zu berücksichtigendes Einkommen	0 €

Berechnung ALG II:

ALG-II-Leistung	662 €
Zuzüglich befristeter Zuschlag (im 1. Jahr nach ALG I)	+ 160 €
Zuzüglich befristeter Zuschlag (im 2. Jahr nach ALG I)	+ 80 €

Haushaltseinkommen mit ALG II:

im 1. Jahr nach ALG I	822 €
im 2. Jahr nach ALG I	742 €
im 3. Jahr nach ALG I	662 €

(Quelle: *Hartz IV. Menschen in Arbeit bringen.*
Hrsg. Bundesministerium für Arbeit, Dezember 2004)

Beispiel III: (Ehe-)Paar
Miete und Heizung 412 €
Früheres Bruttoeinkommen 2000 €

Bedarfsberechnung:
Regelleistung bei Partnerschaft	311 €
Regelleistung bei Partnerschaft	311 €
Unterkunft und Heizung	412 €
Bedarf insgesamt	**1034 €**

Zu berücksichtigendes Einkommen:
Zu berücksichtigendes Einkommen	0 €

Berechnung ALG II:
ALG-II-Leistung	1034 €
Zuzüglich befristeter Zuschlag (im 1. Jahr nach ALG I)	0 €
Zuzüglich befristeter Zuschlag (im 2. Jahr nach ALG I)	0 €

Haushaltseinkommen mit ALG II:
im 1. Jahr nach ALG I	1034 €
im 2. Jahr nach ALG I	1034 €
im 3. Jahr nach ALG I	1034 €

(Quelle: *Hartz IV. Menschen in Arbeit bringen.*
Hrsg. Bundesministerium für Arbeit, Dezember 2004)

Beispiel IV: Alleinerziehende(r), 4-jähriges Kind
Miete und Heizung 414 €
Früheres Bruttoeinkommen 2000 €

Bedarfsberechnung:
Regelleistung Alleinerziehende(r)	345 €
Mehrbedarf für Alleinerziehende(n)	124 €
Regelleistung Kind	207 €
Unterkunft und Heizung	414 €
Bedarf insgesamt	**1090 €**

Zu berücksichtigendes Einkommen:
Kindergeld	– 154 €
Sonstiges zu berücksichtigendes Einkommen	0 €

Berechnung ALG II:
ALG-II-Leistung	936 €
Zuzüglich befristeter Zuschlag (im 1. Jahr nach ALG I)	+ 26 €
Zuzüglich befristeter Zuschlag (im 2. Jahr nach ALG I)	+ 13 €

Haushaltseinkommen mit ALG II/Sozialgeld + Kindergeld:
im 1. Jahr	1116 €
im 2. Jahr	1103 €
im 3. Jahr	1090 €

(Quelle: *Hartz IV. Menschen in Arbeit bringen.*
Hrsg. Bundesministerium für Arbeit, Dezember 2004)

Beispiel V: (Ehe-)Paar, 4-jähriges Kind
Miete und Heizung 482 €
Früheres Bruttoeinkommen 2000 €

Bedarfsberechnung:
Regelleistung bei Partnerschaft	311 €
Regelleistung bei Partnerschaft	311 €
Regelleistung Kind	207 €
Unterkunft und Heizung	482 €
Bedarf insgesamt	**1311 €**

Zu berücksichtigendes Einkommen:
Kindergeld	− 154 €
Sonstiges zu berücksichtigendes Einkommen	0 €

Berechnung AL ALG II:
ALG-II-Leistung	1157 €
Zuzüglich befristeter Zuschlag (im 1. Jahr nach ALG I)	0 €
Zuzüglich befristeter Zuschlag (im 2. Jahr nach ALG I)	0 €

Haushaltseinkommen mit ALG II/Sozialgeld + Kindergeld:
im 1. Jahr nach ALG I	1311 €
im 2. Jahr nach ALG I	1311 €
im 3. Jahr nach ALG I	1311 €

(Quelle: *Hartz IV. Menschen in Arbeit bringen.*
Hrsg. Bundesministerium für Arbeit, Dezember 2004)

Beispiel VI: (Ehe-)Paar, 2 Kinder (4 und 12 Jahre alt)
Miete und Heizung 538 €
Früheres Bruttoeinkommen 3000 €

Bedarfsberechnung:
Regelleistung bei Partnerschaft	311 €
Regelleistung bei Partnerschaft	311 €
Regelleistung Kind	207 €
Regelleistung Kind	207 €
Unterkunft und Heizung	538 €
Bedarf insgesamt	**1574 €**

Zu berücksichtigendes Einkommen:
Kindergeld	– 308 €
Sonstiges zu berücksichtigendes Einkommen	0 €

Berechnung ALG II:
ALG-II-Leistung	1266 €
Zuzüglich befristeter Zuschlag (im 1. Jahr nach ALG I)	165 €
Zuzüglich befristeter Zuschlag (im 2. Jahr nach ALG I)	83 €

Haushaltseinkommen mit ALG II/Sozialgeld + Kindergeld:
im 1. Jahr nach ALG I	1739 €
im 2. Jahr nach ALG I	1657 €
im 3. Jahr nach ALG I	1574 €

(Quelle: *Hartz IV. Menschen in Arbeit bringen.*
Hrsg. Bundesministerium für Arbeit, Dezember 2004)

> **ALG-II-Rechner im Internet**
> www.sozialhilfe24.de/alg2-rechner.html
> www.einkommensrechner.arbeitsmarktreform.de
> www.alleinerziehend.net/Hartz4-Kinderzuschlag-Rechner.html

Der Antrag auf ALG II

Wo Sie den Antrag erhalten

»Die Leistungen der Grundsicherung für Arbeitsuchende werden auf Antrag erbracht.«
(§ 37 Abs. 1 SGB II)

Nun ist es ist also so weit. Sie haben Ihren Job verloren. Oder Sie haben sich all die Jahre als Freiberufler durchgeschlagen und müssen plötzlich erkennen, dass das Geld vorne und hinten nicht reicht. Oder Sie bezogen Arbeitslosengeld (I), und Ihr Anspruch, der inzwischen nur noch zwölf Monate besteht (Ausnahme: über 55-jährige Arbeitslose) läuft aus. Also heißt es von nun an: Hartz IV. Was auch immer die Gründe Ihres Entschlusses sind, es steht irgendwann der Gang zur Behörde an. Anders als bei der Sozialhilfe werden Leistungen beim ALG II erst erbracht, wenn Sie einen mehrseitigen Antrag ausgefüllt und abgegeben haben. Bei einem kurzen Telefongespräch mit der Arbeitsagentur erfahren Sie zu Ihrer Überraschung, dass Sie den Antrag auf ALG II gar nicht bei Ihrer Arbeitsagentur erhalten und stellen müssen. Ihnen wird mitgeteilt, dass die Kommune, also die Sozialbehörde Ihres Stadtteils, ab nun für Sie zuständig ist. Was weiter passiert, dürfte etwa fogendermaßen aussehen.

Die Erstbegegnung gestaltet sich schwierig. Das Rathaus, dem die Sozialbehörde (das »Bürgerzentrum«) angegliedert ist, ist sehr groß. Am Informationsschalter erfahren Sie nur die Zimmernummer. Zum Glück ist da eine Wandtafel. Das besagte Zimmer befindet sich im ersten Stock. Sie nehmen den Aufzug. Im ersten Stock angekommen, folgen Sie den allgegenwärtigen Hinweisschildern, und nach einem längeren Fußweg durch die Gänge (die auf jeden normalen Menschen beklemmend wirken) stellen Sie erstaunt fest, dass Sie im Kreis gelaufen sind. Nachdem Sie erneut manche Gänge drei, vier Mal entlang gegangen sind, fragen Sie einen vorbeihuschenden Beamten, der Ihnen ohne anzuhalten nähere Auskunft gibt. Noch 50 Meter, und Sie stehen vor der besagten Zimmertür. Sie klopfen, und als Sie nichts hören, öffnen Sie die Tür. Sie sehen sich zwei Frauen gegenüber, die, hinter ihren Schreibtischen verbarrikadiert, Sie offenen Blicks und etwas fragend anschauen.

Sie erklären, dass Sie einen Antrag auf ALG II stellen möchten. Nach einer kurzen Aufnahme Ihrer Daten gibt man Ihnen ein 16-seitiges Antragsformular einschließlich diverser Zusatzblätter in die Hand, die Sie zu Hause sorgfältig lesen und ausfüllen müssen. Der Leistungsanspruch auf ALG II gilt rückwirkend ab dem Tag der Antragstellung, also dem Zeitpunkt, zu dem Sie erklärt haben, einen Antrag stellen zu wollen. Doch sollten Sie nicht zu lange damit warten, den Antrag ausgefüllt abzugeben, denn ALG II bekommen Sie erst nach Abgabe überwiesen.

Die Antragstellung lässt sich natürlich auch weniger umständlich und zeitraubend telefonisch oder schriftlich (per Brief, E-Mail oder Fax) erledigen. Es reicht eine formlose Mitteilung an die zuständige Behörde, in der Sie schreiben, dass Sie für sich (und ggf. Ihre Familie) einen Antrag auf ALG II stellen. Dann werden

Ihnen die Unterlagen zugesandt. Oder Sie laden sich die Formulare gleich von den Seiten der Bundesagentur (www.arbeitsagentur.de) herunter.

Was Sie vorab beachten sollten

Erwarten Sie noch Einnahmen z. B. in Form von Lohnnachzahlungen oder Steuererstattungen, kann es sinnvoll sein, die Antragstellung noch etwas hinauszuzögern und auf einen späteren Zeitpunkt zu verlegen. Denn Einnahmen gelten nur dann als auf den Bedarf anrechenbare Einkünfte, wenn diese in und ab dem Monat der Antragstellung eingehen.
Wenn Sie im Antragsmonat dann noch über einen Teil dieser Einnahmen verfügen sollten, zählen diese als Vermögen, was für Sie wesentlich günstiger ist.
Auch kann es sinnvoll sein, die Vermögensverhältnisse vorab zu checken. Denn liegt Ihr anrechenbares Vermögen über den Freibeträgen, haben Sie womöglich (noch) keinen Anspruch auf ALG II.
Haben Sie Schulden, könnten und sollten Sie diese noch vor Antragstellung tilgen. Auch bestimmte Ausgaben für notwendige und angemessene Anschaffungen wären möglich. Die Umschichtung von Ersparnissen ist legitim.
Nur verschleudern oder verschenken dürfen Sie Ihr Vermögen nicht, um auf diese Weise an Leistungen des ALG II zu kommen. Das wäre strafbar und mit Sanktionen und Rückforderungen verbunden.
Aber ein Ersatz für den alten Kühlschrank, ein neuer, angemessener Pkw statt des alten, ständig reparaturbedürftigen oder sogar eine angemessene Eigentumswohnung, in der Sie selbst leben, sind geschütztes Vermögen.
Doch informieren Sie sich vor größeren Investitionen ganz genau, ob diese auch in den Augen des Gesetzge-

bers als »angemessen« gelten. Und verwahren Sie Nachweise Ihrer notwendigen Aufwendungen und Anschaffungen. Die Agentur bzw. die Kommune, die mit dem Finanzamt kooperiert und Daten abgleicht, wird bei Umschichtungen Ihres Vermögens sehr genau nachfragen. Auch ist es nicht unüblich, dass Sachbearbeiter Einsicht in Ihre Kontoauszüge der letzten drei bis sechs Monate verlangen.

Bei Rücklagen, die Ihrer Altersvorsorge dienen, sollten Sie außerdem überprüfen, ob eine Verwertung bis zum 60. Lebensjahr ausgeschlossen ist. Denn sonst entgeht Ihnen möglicherweise der Zusatzfreibetrag. Eine Vertragsänderung ist auch noch kurz vor der Antragstellung auf ALG II möglich.

Gerichtsurteile zu Hartz IV

Erhält ein ALG-II-Empfänger eine **Steuererstattung**, so ist dieser Betrag als Einkommen zu werten. Dabei wird der Betrag der Steuererstattung nicht nur in dem Monat als Einkommen gewertet, in dem er überwiesen wurde, sondern auf zwölf Monate verteilt und in jedem dieser Monate als Einkommen gewertet. Langzeitarbeitslose sind auch nicht berechtigt, von einer solchen Zahlung private Schulden zu tilgen und diese dann vom Einkommen abzuziehen. Dies urteilte das Sozialgericht Münster.
(Az.: Sozialgericht Münster S 3 AS 44/06)

Eine abweichende Auffassung vertrat jedoch das Sozialgericht Leipzig. Der hier zuständige Richter stufte eine Steuererstattung in Höhe von ca. 6000 Euro als zugeflossenes Vermögen und nicht als Einkommen ein.
(Az.: Sozialgericht Leipzig S 9 405/05 ER)

Sonderregelungen: Der Gesetzgeber hat eine Klausel in das SGB II aufgenommen, die älteren, schwer vermittelbaren Arbeitslosen einen Anspruch auf ALG II unter erleichterten Bedingungen gewährt (§ 65 Abs. 4 SGB II). Diese Regelung, die sogenannte *»58er-Regelung«*, wurde bis 31. Dezember 2007 verlängert, gilt aber nur dann, wenn der Anspruchsbeginn vor dem 1.1.2006 liegt. Arbeitslose ab 58 Jahren und älter, die »nicht arbeitsbereit sind und nicht alle Möglichkeiten nutzen und nutzen wollen, ihre Hilfebedürftigkeit durch Aufnahme einer Arbeit zu beenden«, brauchen sich demnach nicht mehr bei der Bundesagentur für Arbeit zu melden, um in eine Arbeit vermittelt zu werden. Sie stehen also nicht mehr dem Arbeitsmarkt zur Verfügung, obwohl sie weiterhin Leistungen beziehen. Wichtig war/ist nur, dass sich der 58-jährige Arbeitslose bereit erklärt, in dieser Zeit keinen Job mehr zu suchen. Man kann hier also von einer Art Vorruhestand bis zum Eintritt des Rentenalters sprechen. Leider entstehen vielen älteren Arbeitslosen durch Hartz IV enorme finanzielle Nachteile. Maß sich die frühere Arbeitslosenhilfe noch an dem ehemaligen Nettogehalt des Erwerbslosen – sie konnte bis zu 57 Prozent des Nettolohns betragen – gilt nun ein für alle einheitlicher ALG-II-Regelsatz von 345 Euro. Deshalb ist es für manchen älteren Arbeitslosen heute ratsam, weiter vermittelbar zu bleiben und zumindest die Chance auf einen Zusatzverdienst zu behalten. Wer bereits eine 58er-Vereinbarung unterschrieben hat, kann diese jederzeit widerrufen.
Viele Arbeitslose, die 60 Jahre alt sind, könnten ein vorgezogenes Altersruhegeld in Betracht ziehen. Diese Regelung gilt noch bis 2011. Seit 2006 steigt das Mindestrentenalter wieder jeden Monat um einen ganzen Monat. Das heißt, ab Ende 2008 liegt das früheste Renteneintrittsalter dann bei 63 Jahren. Wer bereits mit 60

Jahren Rentner werden möchte, muss erhebliche Rentenkürzungen in Kauf nehmen. Anspruch auf vorgezogene Altersrente haben auch Schwerbehinderte, Personen, die die letzten zwei Jahre in Altersteilzeit beschäftigt waren, und langjährig Versicherte, die mindestens 35 Jahre rentenversichert waren. Bei letzteren liegt das Mindestrentenalter allerdings schon jetzt in den meisten Fällen bei 63 Jahren. Ob man sich für eine vorzeitige Rente oder den Antrag auf ALG II entscheidet, ist gut zu überlegen und abzuwägen, denn ein ALG-II-Bezug kann unter Umständen auch in finanzieller Hinsicht sinnvoller sein.

Für Familien mit niedrigem Einkommen gibt es in bestimmten Fällen noch eine Alternative zum ALG II/Sozialgeld. Denn gering verdienende Eltern, die mit ihrem Einkommen zwar den eigenen Unterhalt, aber nicht den ihrer im Haus lebenden Kinder bestreiten können, haben Anspruch auf einen sogenannten *Kinderzuschlag*. Der Zuschlag, der zusätzlich zum Kindergeld gezahlt wird, beträgt bis zu 140 Euro monatlich pro Kind und wird für maximal 36 Monate gewährt. Bedingung ist, dass die unverheirateten Kinder unter 25 Jahre alt sind und zusammen mit ihren Eltern im Haushalt wohnen. Wie hoch darf das Einkommen der Eltern sein? Nach einem Urteil des Landessozialgerichts Baden-Württemberg (Az.: Landessozialgericht Baden-Württemberg L 1 KG 2052/05) muss eine Anspruchsberechtigung für ALG II bzw. Sozialgeld vorliegen. Das heißt, der Bedarf wird am Regelsatz von ALG II bzw. Sozialgeld (zzgl. Unterkunft und Heizung) gemessen. Bedarf besteht, wenn das anzurechnende Einkommen der Eltern so gering ist, dass es etwa in Höhe des Regelsatzes (2 × 311 Euro + Wohnung/Heizung) liegt. Dann müssten die Eltern ALG II/Sozialgeld allein aus dem Grund beantragen, weil sie auf die Regelleistung (207 Euro) des Kindes angewiesen sind. Nach jetzigem

Recht können die Eltern entscheiden, ob sie stattdessen lieber den Kinderzuschlag beantragen. Ein Kinderzuschlag in voller Höhe von 140 Euro (zusätzlich zum Kindergeld) wird dann gezahlt, wenn das Einkommen nicht höher als die Regelleistung des ALG II ist. Ist das Einkommen höher, wird der Kinderzuschlag entsprechend gekürzt.

Kinderzuschlag gibt es nur auf Antrag. Antragsvordrucke und weitere Informationen erhalten Sie bei der Familienkasse der Arbeitsagentur sowie über die Internetseiten www.familienkasse.de oder www.kinder zuschlag.de.

Tipp

Sind Sie sich unsicher, was bestimmte Angaben zu Ihren Einkommens- und Vermögensverhältnissen (oder zum richtigen Zeitpunkt der Antragstellung) angeht, sollten Sie sich nicht scheuen, den Rat von Dritten einzuholen. Unabhängige Beratungszentren für Arbeitslose gibt es in jeder größeren Stadt. Sie können auswählen zwischen (kirchlichen) Beratungsstellen der Diakonie und der Caritas oder Selbsthilfevereinen. Auf der Website www.erwerbslos.de finden Sie nach Eingabe Ihres Wohnortes bzw. der nächstgrößeren Stadt eine Vielzahl von Adressen mit Telefonnummern und E-Mail.

So füllen Sie den Antrag auf ALG II (richtig) aus

Der Hauptantrag umfasst insgesamt sechs Seiten und beginnt mit allgemeinen Fragen zu Ihrer Person. Einige als solche gekennzeichnete Felder der ersten Seite sind nicht von Ihnen, sondern vom Leistungsträger auszufüllen.

Allgemeine Daten des Antragstellers/ der Antragstellerin

I. Allgemeine Daten des Antragstellers/der Antragstellerin
Familienname
Vorname
Straße, Haus-Nr. - ggf. bei wem -
PLZ, Wohnort
☎ Telefonnummer (mit Vorwahl) und/oder E-Mail-Adresse für mögliche Rückfragen
Bankverbindung (bitte angeben, weil die Leistungen bargeldlos überwiesen werden)   Bankleitzahl (BLZ)　　　　　　　Konto-Nr.
bei Bank/Postbank/Sparkasse, sonstigem Kreditinstitut
Name des Kontoinhabers
Die Übermittlung der Leistungen an den Wohnort ist in der Regel kostenpflichtig.   **Ausnahme:** Sie können <u>ohne</u> eigenes Verschulden kein Girokonto eröffnen (bitte Nachweis beifügen).

Als Antragsteller müssen Sie hier Ihren Namen und Ihre Adresse eintragen, auch dann, wenn Sie einer Bedarfsgemeinschaft (siehe Seite 28–29) angehören. Es reicht ein einziger Antrag für eine Bedarfsgemeinschaft. Die Leistungen der übrigen Hilfebedürftigen der Bedarfsgemeinschaft werden mit diesem Antrag erfasst und dementsprechend berechnet.

Ihre Telefonnummer und Ihre E-Mail-Adresse müssen Sie der Behörde nicht verraten, wenn Sie nicht wollen. Datenschützer raten sogar davon ab.

Können Sie keine Bankverbindung angeben, weil Sie kein eigenes Konto haben, lassen Sie das entsprechende Kästchen ebenfalls frei. Die Behörde hätte in diesem Fall gern eine Bescheinigung der Banken, die Ihnen ein Konto verweigern. Dazu sind Sie allerdings nicht verpflichtet. Aber bedenken Sie, dass bei Baranweisungen zusätzliche Gebühren anfallen.

Persönliche Verhältnisse

	II. Persönliche Verhältnisse der zur Bedarfsgemeinschaft gehörenden Person/en	
	Antragsteller / Antragstellerin Ich bin ☐ allein stehend ☐ allein erziehende(r) Mutter/Vater Die Kinder sind in Abschnitt III einzutragen.	Ich lebe zusammen mit: ☐ nicht dauernd getrennt lebendem Ehegatten ☐ nicht dauernd getrennt lebender/r eingetragenen/r Lebenspartner/in ☐ Partner in Verantwortungs- und Einstehensgemeinschaft *) ☐ sonstiger Person (kein/e Verwandte/r) bitte nur Zusatzblatt 5 ausfüllen
	①	②
Name (ggf. Geburtsname)		
Vorname		
Geschlecht	☐ weiblich ☐ männlich	☐ weiblich ☐ männlich
Geburtsdatum/Geburtsort		
*) Nähere Erläuterungen zum Begriff „Partner/in in Verantwortungs- und Einstehensgemeinschaft" siehe Ausfüllhinweise		

Familienstand	☐ ledig ☐ verheiratet ☐ eingetragene Lebenspartnerschaft ☐ dauernd getrennt lebend seit _____ ☐ geschieden seit _____ ☐ verwitwet seit _____	☐ ledig ☐ verheiratet ☐ eingetragene Lebenspartnerschaft ☐ dauernd getrennt lebend seit _____ ☐ geschieden seit _____ ☐ verwitwet seit _____
Staatsangehörigkeit	☐ deutsch ☐ andere: _____ (ggf. Arbeitsgenehmigung vorlegen)	☐ deutsch ☐ andere: _____ (ggf. Arbeitsgenehmigung vorlegen)
Berechtigte/r nach dem Asylbewerberleistungsgesetz	☐ ja ☐ nein wenn ja, entsprechende **Nachweise vorlegen**	☐ ja ☐ nein wenn ja, entsprechende **Nachweise vorlegen**
Kunden-Nr. der Agentur für Arbeit (falls bekannt)		

Hier geht es vor allem um die Frage, ob Sie in einer Bedarfsgemeinschaft leben, alleinerziehend sind oder mit einem Partner eheähnlich bzw. in einer festen Partnerschaft zusammenleben. (siehe auch Seite 28–31) Denn all das hat Konsequenzen, nicht nur für Ihren Leistungsanspruch und den ihrer Angehörigen, sondern auch hinsichtlich einer eventuellen Verwertung von Einkommen und Vermögen von Familienangehörigen oder Partnern, das – wie Sie wissen – miteingerechnet wird (siehe auch Seite 72–78).

Sie sollten sich vor dem Ausfüllen dieser Felder unbedingt klar geworden sein, welchen Charakter ihre Beziehung hat. In einer Ehe oder in einer hetero- bzw. homosexuellen eheähnlichen Partnerschaft lebende Paare erhalten wesentlich weniger ALG II als zwei zusammenlebende Alleinstehende. Das ließe sich etwa durch getrennte Konten u. a. nachweisen. Alleinerziehende können ihre Situation durch getrennte Kontoführung, mit einem Scheidungsantrag oder einem entsprechend aussagefähigen anwaltlichen Schreiben belegen.

Wenn Sie keine deutsche Staatsangehörigkeit besitzen, müssen Sie eine Arbeitserlaubnis vorlegen. Nur wenn Sie sich dauerhaft in Deutschland aufhalten und eine solche Arbeitserlaubnis haben, können Sie ALG II beantragen.

Die Frage, ob Sie Berechtigte/r nach dem Asylbewerberleistungsgesetz sind, soll vorab klären, ob Sie Anspruch auf ALG II haben. Menschen, die Leistungen nach dem Asylbewerberleistungsgesetz erhalten, sind nicht anspruchsberechtigt.

Zum untersten Feld: Die Kundenummer der Agentur können Sie nur angeben, wenn Sie schon einmal Leistungen der Arbeitsagentur in Anspruch genommen haben und Ihnen deshalb eine Nummer zugeteilt wurde. Die Kundenummer steht auf dem Bewilligungsschreiben für Arbeitslosengeld (I) bzw. Arbeitslosenhilfe.

Umfang der Erwerbsfähigkeit	Können Sie – Ihrer Einschätzung nach – eine Tätigkeit von mindestens 3 Stunden täglich ausüben? ☐ ja ☐ nein, weil	Kann Ihre Partnerin/Ihr Partner – Ihrer Einschätzung nach – eine Tätigkeit von mindestens 3 Stunden täglich ausüben? ☐ ja ☐ nein, weil
Erwerbsfähig ist, wer mindestens 3 Stunden täglich erwerbstätig sein kann und nicht wegen Krankheit oder Behinderung auf absehbare Zeit daran gehindert ist. Erwerbsfähigkeit liegt auch vor, wenn eine Erwerbstätigkeit nicht zugemutet werden kann, z.B. wegen Erziehung eines Kindes unter 3 Jahren oder wegen eines Schulbesuchs.		
in Ausbildung (schulisch oder beruflich)	☐ ja, Ausbildung bis Monat_____ Jahr_____ ☐ nein	☐ ja, Ausbildung bis Monat_____ Jahr_____ ☐ nein
aktuelle/gegenwärtige Unterbringung in einer stationären Einrichtung (nähere Erläuterungen siehe Ausfüllhinweise)	☐ ja, Unterbringung ab_____ bzw. vom_____ bis_____ Bitte legen Sie entsprechende Unterlagen vor. ☐ nein	☐ ja, Unterbringung ab_____ bzw. vom_____ bis_____ Bitte legen Sie entsprechende Unterlagen vor. ☐ nein

Nur erwerbsfähige Hilfebedürftige haben Anspruch auf ALG II (siehe Seite 25). Wer nicht erwerbsfähig ist, also aus gesundheitlichen Gründen keine drei Stunden am Tag arbeiten kann, hat Anspruch auf andere Leistungen der Grundsicherung oder der Sozialhilfe. Da die Höhe des ALG II auf Sozialhilfeniveau gesenkt wur-

de, macht das, was die Höhe der Zuwendungen angeht, keinen großen Unterschied. Sind Sie nicht erwerbsfähig, sind Sie verpflichtet, ein ausführliches Attest Ihres Arztes vorzulegen.
Jedem Auszubildenden, der kein Anrecht auf BAföG oder Berufsausbildungsbeihilfe (BAB) hat, stehen Leistungen des ALG II zu, vorbehaltlich seiner Ausbildungsvergütung. In einigen Fällen ist auch eine ergänzende Zahlung von ALG II zusätzlich zu BAföG/BAB möglich. Sind Sie in einer stationären Einrichtung untergebracht, entfällt der Anspruch auf ALG II, sofern Sie nicht gleichwohl unter den üblichen Bedingungen des allgemeinen Arbeitsmarktes mindestens 15 Stunden wöchentlich erwerbstätig sind. Mit dieser stationären Einrichtung ist kein normales Krankenhaus gemeint, sondern z.B. eine psychiatrische Anstalt, ein Pflegeheim oder eine Justizvollzugsanstalt. Eventuell haben Sie jedoch Ansprüche auf Sozialhilfe. Bei Krankenhausaufenthalten wird der Regelsatz um 35 Prozent gekürzt.

Kranken- und Pflegeversicherung
Sind Sie in der gesetzlichen Krankenkasse, sind Sie privat versichert oder über die Familienversicherung mitversichert? Wenn Sie überhaupt nicht krankenversichert sind, müssen Sie das angeben. Als ALG-II-Empfänger werden Sie automatisch in der Kranken-, Pflege- und Rentenversicherung pflichtversichert. Sie können auch von Ihrer bisherigen privaten in eine gesetzliche Krankenkasse wechseln, sich die Krankenkasse selbst auswählen oder auswählen lassen. Die Frage, ob Sie das 23. Lebensjahr vollendet haben, ist für die Behörde deshalb so interessant, weil Sie sich in diesem Fall über die Familie mitversichern lassen können und der Behörde dann keine Kosten entstehen (siehe auch Seite 58: Beiträge zur Kranken-, Pflege- und Rentenversicherung).

	Kranken-, Pflege- und Rentenversicherung	
Krankenversicherung (KV)	In einer gesetzlichen Krankenkasse (KK) pflicht-, familien- oder freiwillig versichert ☐ ja ☐ nein **Wenn ja:** Name und Sitz der Krankenkasse	In einer gesetzlichen Krankenkasse (KK) pflicht-, familien- oder freiwillig versichert ☐ ja ☐ nein **Wenn ja:** Name und Sitz der Krankenkasse
	Krankenversicherten-Nr. (KV-Nr.)	Krankenversicherten-Nr. (KV-Nr.)

	Wenn nein:
	☐ zuletzt krankenversichert bei der ...
	  (Name/Sitz der KK sowie KV-Nr.
	  - bitte oben eintragen -)
	☐ bisher **nicht** krankenversichert
	  ⇨ **wählen Sie bitte eine Krankenkasse und legen Sie eine Mitgliedsbescheinigung vor.**
	☐ bisher **privat** krankenversichert.
	  (bitte Zusatzblatt 6 „Sozialversicherung" ausfüllen)
		Wenn nein:
		☐ zuletzt krankenversichert bei der ...
		  (Name/Sitz der KK sowie KV-Nr.
		  - bitte oben eintragen -)
		☐ bisher **nicht** krankenversichert
		  ⇨ **wählen Sie bitte eine Krankenkasse und legen Sie eine Mitgliedsbescheinigung vor.**
		☐ bisher **privat** krankenversichert.
		  (bitte Zusatzblatt 6 „Sozialversicherung" ausfüllen)

Wenn Sie oder Ihr Partner/Ihre Partnerin von Ihrem Ehegatten/eingetragenen Lebenspartner **getrennt** leben, ist zu prüfen, ob Sie dennoch über diesen **familienversichert** werden können.		

Getrennt lebend?
☐ nein
☐ ja
  wenn ja,
  bitte ausfüllen ⇨
	Name, Vorname, Geburtsdatum des Ehegatten/ eingetragenen Lebenspartners	Name, Vorname, Geburtsdatum des Ehegatten/ eingetragenen Lebenspartners

	pflichtversichert ☐ ja ☐ nein Name und Sitz der Krankenkasse	pflichtversichert ☐ ja ☐ nein Name und Sitz der Krankenkasse
	Krankenversicherten-Nr. (KV-Nr.)	Krankenversicherten-Nr. (KV-Nr.)

Wichtiger Hinweis:	Wenn Sie oder Ihr Partner/Ihre Partnerin **das 23. Lebensjahr** noch nicht vollendet haben, können Sie oder Ihr Partner/Ihre Partnerin bei einem Elternteil **familienversichert** werden.	

23. Lebensjahr bereits vollendet?
☐ ja
☐ nein
  wenn nein,
  bitte ausfüllen ⇨
	Name, Vorname, Geburtsdatum der hauptversicherten Person (Mutter oder Vater)	Name, Vorname, Geburtsdatum der hauptversicherten Person (Mutter oder Vater)

	pflichtversichert ☐ ja ☐ nein Name und Sitz der Krankenkasse	pflichtversichert ☐ ja ☐ nein Name und Sitz der Krankenkasse
	Krankenversicherten-Nr. (KV-Nr.)	Krankenversicherten-Nr. (KV-Nr.)

Rentenversicherung

Rentenversicherung (RV)	☐ Gesetzliche Rentenversicherung
	  ☐ Deutsche RV-Bund
	  ☐ Deutsche RV-Knappschaft-Bahn-See
		☐ Gesetzliche Rentenversicherung
		  ☐ Deutsche RV-Bund
		  ☐ Deutsche RV-Knappschaft-Bahn-See

	Rentenversicherungsnummer	Rentenversicherungsnummer
	☐ RV-Nr. wurde beantragt ☐ RV-Nr. soll beantragt werden Geburtsort/-land _____ ☐ von der Rentenversicherungspflicht befreit und/oder privat versichert (Bitte Zusatzblatt 6 „Sozialversicherung" ausfüllen) ☐ bisher nicht rentenversichert	☐ RV-Nr. wurde beantragt ☐ RV-Nr. soll beantragt werden Geburtsort/-land _____ ☐ von der Rentenversicherungspflicht befreit und/oder privat versichert (Bitte Zusatzblatt 6 „Sozialversicherung" ausfüllen) ☐ bisher nicht rentenversichert

Hier müssen Sie Angaben darüber machen, ob Sie rentenversichert waren oder sind. Anzugeben ist ebenfalls, ob Angehörige Ihrer Bedarfsgemeinschaft rentenversichert waren oder sind.

Die Rentenversicherungsnummer steht auf Ihrem Sozialversicherungsausweis. ALG-II-Empfänger bleiben in der gesetzlichen Rentenversicherung weiterhin bzw. ab Leistungsbezug pflichtversichert.

Persönliche Verhältnisse der mit dem Antragsteller/der Antragstellerin in einer Bedarfsgemeinschaft lebenden weiteren Personen

III. Persönliche Verhältnisse der mit dem Antragsteller/der Antragstellerin in einer Bedarfsgemeinschaft lebenden weiteren Personen

- Unter Bedarfsgemeinschaft ist der erwerbsfähige Hilfebedürftige sowie der nicht dauernd getrennt lebende Ehegatte, der nicht dauernd getrennt lebende Lebenspartner bzw. eine Person, die mit dem erwerbsfähigen Hilfebedürftigen in einer Verantwortungs- und Einstehensgemeinschaft zusammenlebt zu verstehen.
- Zu der Bedarfsgemeinschaft gehören auch die dem Haushalt angehörenden unverheirateten Kinder des erwerbsfähigen Hilfebedürftigen oder seines Partners, welche das 25. Lebensjahr noch nicht vollendet haben, soweit sie ihren Lebensunterhalt nicht aus eigenem Einkommen oder Vermögen sichern können.
- Ebenfalls zur Bedarfsgemeinschaft gehören die im Haushalt lebenden Eltern einer/s volljährigen Hilfebedürftigen, die/der das 25. Lebensjahr noch nicht vollendet hat.
- Nicht zu einer Bedarfsgemeinschaft, möglicherweise aber zu einer Haushaltsgemeinschaft können andere Personen gehören, wie z.B. Freundin, Tante, Schwägerin oder Kinder, die das 25. Lebensjahr bereits vollendet haben.
(Nähere Erläuterungen siehe Ausfüllhinweise.)

Tragen Sie die weiteren Angehörigen in der Reihenfolge des Geburtsdatums – beginnend mit dem ältesten Mitglied der Bedarfsgemeinschaft - ein. Bei vier oder mehr Angehörigen ist das **Zusatzblatt 4** zur Feststellung weiterer Angehöriger zu verwenden.

	③	④	⑤
Name (ggf. Geburtsname)			
Vorname			
Verwandtschaftsverhältnis zur/zum Antragsteller(in)/Partner(in)			
Geschlecht	☐ weiblich ☐ männlich	☐ weiblich ☐ männlich	☐ weiblich ☐ männlich
Geburtsdatum			
Familienstand	☐ ledig ☐ verheiratet ☐ eingetragene Lebenspartnerschaft ☐ dauernd getrennt lebend seit _____ ☐ geschieden seit _____ ☐ verwitwet seit _____	☐ ledig ☐ verheiratet ☐ eingetragene Lebenspartnerschaft ☐ dauernd getrennt lebend seit _____ ☐ geschieden seit _____ ☐ verwitwet seit _____	☐ ledig ☐ verheiratet ☐ eingetragene Lebenspartnerschaft ☐ dauernd getrennt lebend seit _____ ☐ geschieden seit _____ ☐ verwitwet seit _____
Staatsangehörigkeit	☐ deutsch ☐ andere _____ (ggf. Arbeitsgenehmigung vorlegen)	☐ deutsch ☐ andere _____ (ggf. Arbeitsgenehmigung vorlegen)	☐ deutsch ☐ andere _____ (ggf. Arbeitsgenehmigung vorlegen)
Berechtigte(r) nach dem Asylbewerberleistungsgesetz	☐ nein ☐ ja, wenn ja bitte Nachweise vorlegen	☐ nein ☐ ja, wenn ja bitte Nachweise vorlegen	☐ nein ☐ ja, wenn ja bitte Nachweise vorlegen

Kunden-Nr. der Agentur für Arbeit (falls bekannt)			
Erwerbsfähigkeit *) (Angabe nur ab vollendetem 15. Lebensjahr erforderlich)	Kann er/sie – Ihrer Einschätzung nach – eine Tätigkeit von mindestens **3 Stunden täglich** ausüben? ☐ ja ☐ nein, weil	Kann er/sie – Ihrer Einschätzung nach – eine Tätigkeit von mindestens **3 Stunden täglich** ausüben? ☐ ja ☐ nein, weil	Kann er/sie – Ihrer Einschätzung nach – eine Tätigkeit von mindestens **3 Stunden täglich** ausüben? ☐ ja ☐ nein, weil
Auszubildende/r (in schulischer oder beruflicher Ausbildung)	☐ ja, Ausbildung bis Monat ____ Jahr ____ ☐ nein	☐ ja, Ausbildung bis Monat ____ Jahr ____ ☐ nein	☐ ja, Ausbildung bis Monat ____ Jahr ____ ☐ nein
Unterbringung in einer stationären Einrichtung *)	☐ ja Unterbringung ab _____ bzw. vom _____ bis _____ Bitte legen Sie entsprechende Unterlagen vor. ☐ nein	☐ ja Unterbringung ab _____ bzw. vom _____ bis _____ Bitte legen Sie entsprechende Unterlagen vor. ☐ nein	☐ ja Unterbringung ab _____ bzw. vom _____ bis _____ Bitte legen Sie entsprechende Unterlagen vor. ☐ nein

*) Nähere Erläuterungen in Abschnitt II, S. 2 des Antrags

Bisher waren Angaben zu Ihnen als Antragsteller und zu Ihrem Partner zu machen. Hier wird nun nach Angaben zu weiteren in Ihrem Haushalt lebenden Angehörigen gefragt. Es geht darum, zu klären, inwieweit die Einkommens- und Vermögensverhältnisse Ihrer Mitbewohner berücksichtigt werden müssen. Das wird in einer bloßen Wohngemeinschaft nicht der Fall sein, in einer Bedarfsgemeinschaft schon (siehe auch Seite 32 bis Seite 34). Hier müssen Sie nur Personen eintragen, die mit zur Bedarfsgemeinschaft gehören, mit Ihnen verwandte oder verschwägerte Personen, die längerfristig zu Ihrer Haushaltsgemeinschaft gehören. Vergessen Sie niemanden. Ein Anruf beim Einwohnermeldeamt genügt, und die Behörde kann die Angaben überprüfen.
Mitglieder einer bloßen Wohngemeinschaft brauchen Sie nicht anzugeben.

Leistungen für besondere Mehrbedarfe

IV. Leistungen für besondere Mehrbedarfe
Unter bestimmten Voraussetzungen können Leistungen für Mehrbedarfe an eine oder mehrere Personen der Bedarfsgemeinschaft erbracht werden, die nicht durch die Regelleistung abgedeckt sind. Entsprechende Nachweise sind vorzulegen (s. Ausfüllhinweise).
Folgende zur Bedarfsgemeinschaft gehörende Person
☐ ist schwanger   Name, Vorname: _____   voraussichtlicher Entbindungstermin
☐ ist **allein erziehend**   Name, Vorname: _____
☐ gehört zum Personenkreis der <u>behinderten</u> Menschen **und** <u>erhält Leistungen zur Teilhabe am Arbeitsleben nach § 33 Neuntes Buch Sozialgesetzbuch (SGB IX)</u> oder Eingliederungshilfen nach § 54 Abs. 1 Satz 1 bis 3 Zwölftes Buch Sozialgesetzbuch (SGB XII) Name, Vorname: _____
☐ benötigt aus medizinischen Gründen eine kostenaufwändige Ernährung (bitte Zusatzblatt 8 ausfüllen) Name, Vorname: 1. _____   2. _____
☐ ist nichterwerbsfähig und Inhaber eines Ausweises nach § 69 Abs. 5 SGB IX mit dem Merkzeichen G Name, Vorname: _____

Mehrbedarfe erhalten
- Schwangere
- Alleinerziehende
- erwerbsfähige Behinderte
- Menschen, die einer kostenaufwendigen Ernährung bedürfen.

Trifft etwas davon auf Sie zu, kreuzen Sie es bitte an. Weitere Informationen zum Thema Mehrbedarf finden Sie auf Seite 52–55. Nachweise der Schwangerschaft (z. B. Kopie des Mutterpasses) und ärztliche bzw. behördliche Bescheinigungen zu Behinderung und kostenaufwendiger Ernährung sind vorzulegen. Ein von Ihrem Arzt auszufüllendes Formular zur kostenaufwendigen Ernährung stellt die Behörde zur Verfügung.

Wohnverhältnisse bzw. angemessene Kosten für Unterkunft und Heizung

> V. Wohnverhältnisse bzw. angemessene Kosten für Unterkunft und Heizung
> Entstehen Kosten für Wohnung/Unterkunft und Heizung?   ☐ ja ☐ nein
> Wenn ja, füllen Sie bitte das Zusatzblatt 1 „zur Feststellung der angemessenen Kosten für Unterkunft und Heizung" aus.

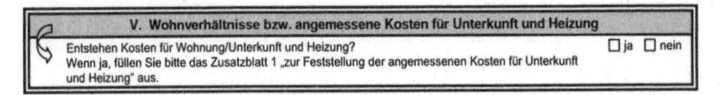

Entstehen Ihnen Kosten für Unterkunft und Heizung, füllen Sie das Zusatzblatt 1 aus. Hier sind Angaben zu Unterkunft und Nebenkosten zu machen. Auch will die Behörde wissen, wie groß Ihre Wohnung ist und wie viele Personen dort leben. Es geht hier um die Feststellung der Angemessenheit (siehe Seite 41–50).

Einkommensverhältnisse des Antragstellers/ der Antragstellerin und der in der Bedarfsgemeinschaft lebenden Personen
Was alles zum Einkommen gehört, ist hier freundlicherweise noch einmal aufgelistet. Nähere Informationen zum Einkommen (Was wird zum Einkommen gerechnet, was nicht? Was ist absetzbar? Welche Freibeträge gibt es?) finden Sie auf den Seiten 64 bis 66 sowie 70 bis 77 dieses Buches. Die Fragen im Antragsbogen dienen dem Amt zur Feststellung Ihrer Hilfebedürftigkeit. Dabei geht es nicht nur um Ihr Einkommen, sondern um das der gesamten Bedarfsgemeinschaft. Auch Kindergeld zählt zum Einkommen. Auch das müssen Sie angeben.

> **VI. Einkommensverhältnisse des Antragstellers/der Antragstellerin und der in der Bedarfsgemeinschaft lebenden Personen**
>
> Als Einkommen sind alle Einnahmen in Geld oder Geldeswert zu berücksichtigen. Dazu gehören insbesondere
> - Einkommen aus nichtselbständiger oder selbständiger Arbeit, aus Vermietung oder Verpachtung, aus Land- und Forstwirtschaft,
> - Kindergeld, Entgeltersatzleistungen wie Arbeitslosengeld, Insolvenzgeld, Übergangsgeld, Krankengeld usw.,
> - Renten aus der gesetzlichen Sozialversicherung, (z.B. Rente wegen Alters oder Knappschaftsausgleichsleistungen), Betriebsrenten oder Pensionen,
> - Unterhaltszahlungen, Leistungen nach dem Unterhaltsvorschussgesetz oder Opferentschädigungsgesetz,
> - Zinsen, Kapitalerträge,
> - Wohngeld, Sozialhilfe nach dem SGB XII,
> - sonstige laufende oder einmalige Einnahmen gleich welcher Art, es sei denn, es handelt sich um privilegiertes Einkommen.
>
> ☐ Keine der in den Abschnitten II und III aufgeführten Personen haben Einkommen.
> ☐ Folgende der in den Abschnitten II und III aufgeführten Personen haben Einkommen:
>
> Name, Vorname _____ Art der Einkünfte _____
> Name, Vorname _____ Art der Einkünfte _____
> Name, Vorname _____ Art der Einkünfte _____
>
> Reichen Sie bitte als Nachweis der Einkommensverhältnisse die Zusatzblätter „2.1 Einkommenserklärung/Selbsteinschätzung" und „2.2 Einkommensbescheinigung" – getrennt für jeden Einkommensbezieher – ein.
> Bei Bezug von Sozialleistungen legen Sie bitte zusätzlich den a k t u e l l e n Bewilligungsbescheid vor.
>
> ☐ Es besteht ein Anspruch auf **Kindergeld** in Höhe von monatlich _____ Euro Kindergeld-Nr. _____
> Bitte Nachweis vorlegen für Personen nach Nr. ☐① ☐② ☐③ ☐④ ☐⑤

Nachdem Sie den Passus VI. im Hauptantrag gelesen und die Fragen beantwortet haben, geht es ins Detail. Ausfüllen müssen Sie jetzt das Zusatzblatt 2.1 »*Einkommenserklärung/Selbsteinschätzung*«. Jedes Mitglied der Bedarfsgemeinschaft, das über ein eigenes Einkommen verfügt, muss ein solches Zusatzblatt 2.1 ausfüllen.

Nehmen Sie sich dafür Zeit. Sie werden eine ganze Reihe Unterlagen (Kontoauszüge, Einkommensteuererklärungen, Bescheide über Steuerrückerstattungen, Kindergeldbescheid, Versicherungskopien, Rentenbescheide) zusammensuchen müssen, bevor Sie Daten eintragen können.

Und vergessen Sie nicht zu unterschreiben. Jedes Zusatzblatt, das Sie ausfüllen, muss unterschrieben werden.

Auch die Fahrtkosten, die Ihnen auf dem Weg zur Arbeit entstehen, sind einzutragen. Hier ist die kürzeste Strecke anzugeben. Achtung: Das kann mit einem Routenplaner leicht vom Amt überprüft werden.

Der Zusatzfragebogen 2.2 »*Einkommensbescheinigung*« ist vom Arbeitgeber auszufüllen.

Gerichtsurteile zu Hartz IV

Kontoauszüge gelten als Beweisurkunden (Az.: Landessozialgericht Nordrhein-Westfalen L 9 B 48/06 ER). Eine Vorlage darf aber nur dann verlangt werden, wenn ein begründeter Verdacht auf Leistungsmissbrauch besteht. Reine Verdachtsmomente sind hierfür kein ausreichender Grund (Az.: Sozialgericht Detmold S 21 AS 133/06 ER). Dieser Auffassung schließt sich auch das Hessische Landessozialgericht an, wenn es urteilt, dass ALG-II-Bezieher ihrer Mitwirkungspflicht genügen, wenn sie ihren aktuellen Kontostand offenbaren, nicht aber die Kontoauszüge der zurückliegenden Monate vorlegen (Az.: Hessisches Landessozialgericht L 7 AS 32/05 ER).

Vermögensverhältnisse des Antragstellers/ der Antragstellerin und der in der Bedarfsgemeinschaft lebenden Personen

> **VII. Vermögensverhältnisse des Antragstellers/der Antragstellerin und der in der Bedarfsgemeinschaft lebenden Personen**
>
> Zum Vermögen zählen alle für den Lebensunterhalt verwertbaren Vermögensgegenstände – unabhängig davon, ob es im In- oder Ausland vorhanden ist – der in den Abschnitten II und III genannten Personen, wie z.B.
> ► Bank- und Sparguthaben, Bargeld, Wertpapiere, Aktien, Aktienfonds,
> ► Kraftfahrzeuge (z.B. Auto, Motorrad),
> ► Kapitallebensversicherungen, private Rentenversicherungen, Bausparverträge,
> ► bebaute oder unbebaute Grundstücke, Hausbesitz (z.B. ein Ein- oder Mehrfamilienhaus), Eigentumswohnung, sonstige Immobilien,
> ► sonstige Vermögensgegenstände (z.B. Wertsachen, Gemälde, Schmuck).
> **Die einzelnen Vermögensgegenstände sind zu addieren** (Beispiel: Wert des Autos + Bankguthaben = Gesamtvermögen)
> Bitte füllen Sie das Zusatzblatt 3 aus.

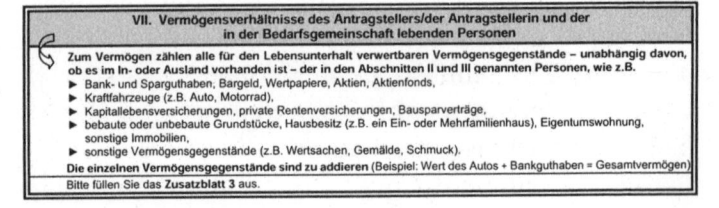

Zusatzblatt 3 verlangt detaillierte Auskünfte über Ihre Vermögensverhältnisse und das Vermögen jeder einzelnen Person Ihrer Bedarfsgemeinschaft. Gefragt wird nach
- Girokonten
- Bargeld
- Sparbüchern
- Sparbriefen/Aktien
- Kapitallebensversicherungen

- privaten Lebensversicherungen
- Bausparverträgen
- Altersvorsorgevermögen
- Bebauten und unbebauten Grundstücken
- Immobilien
- Kraftfahrzeugen
- Wertgegenständen (Gemälde, Schmuck usw.)

Im Grunde wird nach allem gefragt, was Sie oder Mitglieder Ihrer Bedarfsgemeinschaft zu Geld machen bzw. verwerten könnten.

Wie dieses Vermögen angerechnet wird und welche Freibeträge Sie erwarten können, das erfahren Sie auf den Seiten 67 bis 70 sowie 77 bis 79. Es ist sehr zeitaufwendig, dieses Zusatzblatt auszufüllen. Machen Sie sich am besten schon vorher (zusammen mit den Personen Ihrer Bedarfsgemeinschaft) eine Auflistung, die Sie dann nur noch übertragen. Notwendig ist es zudem, dass Sie sich von Ihren Lebens-, privaten Renten- und Kapitallebensversicherungen den aktuellen Rückkaufswert sowie die bisher eingezahlten Beiträge mitteilen lassen. Es ist ganz wichtig, dass alle Ihre Angaben der Wahrheit entsprechen. Die Kontrollbefugnisse der Behörde sind hier sehr weitreichend. Die Agentur ist berechtigt, mit Sozialversicherungsträgern und Finanzbehörden zusammenzuarbeiten.

Bei der Zusammenstellung Ihrer Daten können Sie sich auch klar darüber werden, ob eine Antragstellung auf ALG II zum jetzigen Zeitpunkt überhaupt lohnt.

Unterhaltsansprüche gegenüber Dritten

```
VIII. Unterhaltsansprüche gegenüber Dritten
Folgende Angaben werden zur Prüfung etwaiger Unterhaltsansprüche benötigt (Mehrfachnennungen möglich):
☐ Ich bzw. mein jetziger Partner lebe/lebt getrennt vom Ehegatten/Lebenspartner (Zusatzblatt 1 Abschnitt 1 ausfüllen).
☐ Ich oder mein derzeitiger Partner war bereits verheiratet und diese Ehe ist geschieden/Lebenspartnerschaft ist aufgelöst (Zusatzblatt 9 Abschnitt 1 ausfüllen).
☐ Eine nicht verheiratete Person im Haushalt ist schwanger oder betreut ein nichteheliches Kind unter 3 Jahren und kann deshalb nicht arbeiten (Zusatzblatt 9 Abschnitt 2 ausfüllen).
Mindestens eine im Antrag aufgeführte Person hat einen Elternteil außerhalb der Bedarfsgemeinschaft und ist
☐ unter 18 oder ☐ zwischen 18 und unter 25 und in Schul-/Berufsausbildung oder will eine solche in Kürze beginnen (Zusatzblatt 9 Abschnitt 4 für jede dieser Personen und 9 Abschnitt 3 für jeden Elternteil außerhalb des Haushaltes ausfüllen).
☐ Keine der vorgenannten Fragen trifft zu.
```

Gibt es außerhalb Ihrer Haushaltsgemeinschaft Personen, die von Ihnen oder von denen Sie Unterhalt beziehen, müssen Sie das hier angeben. Einzutragen sind Name, Anschrift und Verwandtschaftsverhältnis der betreffenden Person. Verschweigen Sie zugunsten eines höheren ALG II, dass Sie Unterhalt bekommen, drohen harte Strafen. Auch wenn Sie Ansprüche auf Unterhaltszahlungen haben, ist das anzugeben. Unterhaltsleistungen gelten als Teil des Einkommens und mindern eventuell den Leistungsanspruch. Haben Sie selbst Unterhaltspflichten und ist Ihr Erwerbseinkommen zu gering, um Ihren Pflichten nachzukommen, haben Sie möglicherweise Anspruch auf aufstockendes ALG II. Unterhaltspflichten sind nachzuweisen durch Kopien von entsprechenden Schriftdokumenten.

Ansprüche gegenüber Arbeitgeber, Sozialleistungsträger und Schadensersatzansprüche

IX. Ansprüche gegenüber Arbeitgeber, Sozialleistungsträger und Schadensersatzansprüche
Erheben Sie oder die mit Ihnen in der Bedarfsgemeinschaft lebenden Personen Ansprüche gegen Ihren letzten Arbeitgeber für noch ausstehende Lohn- oder Gehaltszahlungen (z.B. bei Zahlungsunfähigkeit - Insolvenz - des Arbeitgebers) oder gegen einen ehemaligen Arbeitgeber für Zeiten nach dem Ausscheiden (z.B. bei noch ausstehenden Abfindungen)? ☐ ja ☐ nein
Wenn ja: Name, Vorname: _____ Name, Vorname: _____
Name, Vorname: _____ Name, Vorname: _____
Anschrift des Arbeitgebers: _____
Grund: _____ Gericht/AZ: _____
Haben Sie oder die mit Ihnen in der Bedarfsgemeinschaft lebenden Personen (eine) andere Leistung(en) beantragt oder beabsichtigen Sie einen entsprechenden Antrag zu stellen? ☐ ja ☐ nein
Anzugeben sind unter anderem alle Rentenarten, Ausgleichszahlungen des ehemaligen Arbeitgebers, Kindergeld, Kinderzuschlag nach § 6a Bundeskindergeldgesetz, Wohngeld, Leistungen nach dem Unterhaltsvorschussgesetz, Sozialhilfeleistungen nach dem SGB XII, Leistungen nach dem SGB III, Leistungen nach dem Opferentschädigungsgesetz.

Angabe der Person (ggf. mehrere Personen), die Leistungen beantragt hat:			
Art der Leistung(en):	Sozialleistungsträger:	beantragt am:	für die Zeit ab:
Meine Hilfebedürftigkeit / Die Hilfebedürftigkeit der mit mir in der Bedarfsgemeinschaft lebenden Personen wurde durch einen Unfall verursacht. ☐ ja ☐ nein			
Wenn ja, bitte – soweit noch nicht geschehen – Zusatzblatt 10 „Unfall-Fragebogen" ausfüllen.			

Ansprüche gegenüber Ihrem (ehemaligen) Arbeitgeber (Abfindungen usw.) und Sozialleistungen mindern die Höhe des ALG II. Schadensersatzforderungen infolge eines Unfalles können von der Behörde eingeklagt werden, falls sie noch nicht ausgezahlt wurden.

Weitere Angaben, die für die Leistungsgewährung von Bedeutung sein können

```
X. Weitere Angaben, die für die Leistungsgewährung von Bedeutung sein können
Die folgenden Angaben dienen der Prüfung, ob Anspruch auf einen befristeten Zuschlag zum Arbeitslo-   ☐ ja  ☐ nein
sengeld II nach dem Bezug von Arbeitslosengeld besteht.
Eintragungen sind nur vorzunehmen, wenn der letzte Tag des Bezugs von Arbeitslosengeld nicht länger
als 2 Jahre zurückliegt.
Folgende Personen der Bedarfsgemeinschaft beziehen/bezogen Arbeitslosengeld (Alg)

1. Name _____ Vorname _____ Kunden-Nummer _____
   Ende des Arbeitslosengeldbezugs am: _____
   Zuletzt bezogenes Arbeitslosengeld  ☐ wöchentlich  ☐ täglich _____ Euro
   Bitte Beendigungsschreiben (letzter Tag des Alg-Anspruchs) und Bewilligungsbescheid (Höhe des Alg) beifügen!
   Wurde während des letzten Alg-Bezugs Wohngeld bezogen?                             ☐ ja  ☐ nein
   Höhe des Wohngeldes _____ Euro monatlich (Bescheid über Höhe des Wohngeldes vorlegen)
   ☐ Es wurde der Eintritt einer Sperrzeit für den Zeitraum vom _____ bis _____ festgestellt.
   ☐ Der Anspruch ist wegen Eintritts einer Sperrzeit ab _____ erloschen.
   Bitte Sperrzeitbescheid oder Erlöschensbescheid beifügen!

2. Name _____ Vorname _____ Kunden-Nummer _____
   Ende des Arbeitslosengeldbezuges am: _____
   Zuletzt bezogenes Arbeitslosengeld  ☐ wöchentlich  ☐ täglich _____ Euro
   Bitte Beendigungsschreiben (letzter Tag des Alg-Anspruchs) und Bewilligungsbescheid (Höhe des Alg) beifügen!
   Wurde während des letzten Alg-Bezugs Wohngeld bezogen?                             ☐ ja  ☐ nein
   Höhe des Wohngeldes _____ Euro monatlich (Bescheid über Höhe des Wohngeldes vorlegen)
   ☐ Es wurde der Eintritt einer Sperrzeit für den Zeitraum vom _____ bis _____ festgestellt.
   ☐ Der Anspruch ist wegen Eintritts einer Sperrzeit ab _____ erloschen.
   Bitte Sperrzeitbescheid oder Erlöschensbescheid beifügen!
```

Der befristete Zuschlag soll die große Differenz zwischen Arbeitslosengeld (I) und ALG II abfedern. Er wird zusätzlich zum ALG II bezahlt und errechnet sich nach der Höhe des Arbeitslosengeldes (I) (zzgl. Wohngeld). Berechtigt sind alle Personen, die in den letzten beiden Jahren vor dem Antrag auf ALG II Arbeitslosengeld (I) erhalten haben. Nähere Informationen, auch zur Höhe des befristeten Zuschlags, finden Sie auf Seite 80–85 dieses Buches.

Angaben überprüfen und unterschreiben

Die Überprüfung ist deshalb so wichtig, weil (auch versehentlich gemachte) unrichtige Angaben, die ein höheres ALG II zur Folge haben, harte Konsequenzen nach sich ziehen können. Bei Unsicherheiten fragen Sie lieber erst Ihren Sachbearbeiter oder nehmen Sie Kontakt mit einer örtlichen Beratungsstelle (siehe Tipp Seite 92) auf.

Geben Sie Ihren Antrag am besten persönlich ab. So können Sie eventuell noch offene Fragen klären und erfahren sofort, ob und welche Unterlagen noch fehlen und welche sie nachreichen müssen. Geben Sie keine Originale aus der Hand. Der Sachbearbeiter kann Dokumente vor Ort kopieren. U. a. sind folgende Unterlagen mit dem ausgefüllten Antrag vorzulegen:
• Personalausweis
• Meldebescheinigung
• Nachweis über Kranken- und Rentenversicherung
• Mietvertrag oder anderer Beleg über die Miethöhe
• Aktuelle Nebenkostenabrechnung
• Aktueller Kontoauszug
• Evtl. Kaufvertrag eines Hauses/Eigentumswohnung
• Nachweise über Sparbücher, Wertpapiere, Bausparverträge
• Nachweis über den derzeitigen Rückkaufswert einer der Altersvorsorge dienenden Lebens- oder privaten Rentenversicherung
• Ärztliche Atteste bei kostenaufwendiger Ernährung oder Schwangerschaft
• Nachweise zu Arbeitslosengeld (I)
• Nachweise zu sonstigen Sozialleistungen
• Bei Ausländern Aufenthalts- und Arbeitserlaubnis
• Unterhaltsnachweise

Was kann ich von der Behörde erwarten, was erwartet die Behörde von mir?

Ihr Antrag auf ALG II wurde bewilligt! Zudem erhalten Sie eine BG-Nummer, die Sie künftig bei jedem Kontakt mit der Behörde (z.B. auf eingereichten Unterlagen) angeben sollten. Nach fünf Monaten müssen Sie einen Folgeantrag stellen, denn das Geld wird immer nur für sechs Monate bewilligt. Was nun? »Fördern und Fordern« lautet das viel zitierte Motto, das die Bundesagentur zum Leitmotiv ihrer Arbeitsmarktreformen gemacht hat. In den nächsten sechs Monaten dürfen Sie neben den Geldleistungen eine Menge an Unterstützung vonseiten der ARGE erwarten, aber auch von Ihnen wird aktive Mitarbeit und vor allem Arbeitsbereitschaft verlangt. Hauptziel von Hartz IV ist die Wiedereingliederung der Arbeitslosen in den Arbeitsmarkt. Es geht darum, Ihnen in einen neuen Job zu verhelfen. Zuerst einmal: Sie bekommen einen persönlichen Ansprechpartner (PAP). Dieser PAP ist von nun an Ihre wichtigste Kontaktperson in der Behörde. Er wird Sie bei Ihrer Arbeitssuche unterstützen und beraten. Er vermittelt Ihnen Stellenangebote und informiert Sie über mögliche Förderleistungen, die Ihnen zusätzlich zu Ihren schon gewährten Leistungen zustehen. Sehen Sie in Ihrem PAP nicht einen Gegner, der Ihnen Steine in den Weg legen will! Denn das ist er nicht! Arbeiten Sie aktiv mit Ihm zusammen, machen Sie Ihm klar, in welchem Tätigkeitsfeld Sie arbeiten möchten. Nehmen Sie seine Dienste in Anspruch, und zeigen Sie Ihm, dass Sie sich ernsthaft engagieren wollen, um eine Stelle zu finden. Ein offenes, freundliches Gesprächsklima wird Ihnen beiden nützen.

Anspruch auf einen solchen persönlichen Ansprechpartner haben im Übrigen auch alle in Ihrer Bedarfsgemeinschaft lebenden Angehörigen!

In ersten Gesprächen wird Ihr PAP sich über Ihre bisherigen Arbeitsverhältnisse und Ihre Fähigkeiten, Stärken, aber auch Schwächen klar werden wollen. Zusammen mit Ihnen wird er herausarbeiten, welche Erwartungen und Hoffnungen Sie haben, um wieder in Arbeit zu kommen.

Der PAP verwandelt sich augenblicklich in einen »Fallmanager«, wenn eine intensivere Betreuung nötig wird. In der Informationsbroschüre der Bundesagentur für Arbeit zum ALG II *Was? Wie viel? Wer?* (September 2006) findet sich dazu folgende lapidare Aussage: »Ergibt sich aus dem Beratungsgespräch mit dem persönlichen Ansprechpartner, dass der Arbeit- oder Ausbildungssuchende Probleme hat, die eine Arbeitsaufnahme erheblich erschweren, leitet der persönliche Ansprechpartner eine besonders intensive Form der Betreuung ein: das beschäftigungsorientierte Fallmanagement.«

Bestehen also irgendwelche persönlichen oder sozialen Probleme, die Sie bei einer Arbeitssuche erheblich behindern würden, so wird Ihr PAP Sie dabei unterstützen, diese Hindernisse zu beseitigen – gegebenenfalls auch mit Einsatz weiterer finanzieller Mittel.

Er wird dabei auch mit anderen Beratungsstellen, Behörden und Institutionen zusammenarbeiten, z. B. dem Wohnungsamt.

Zum Fallmanagement gehören u. a.:
- Unterstützung bei der Betreuung minderjähriger oder behinderter Kinder
- Hilfe bei der häuslichen Pflege von Angehörigen
- Hilfe bei anderen familiären, sozialen und psychischen Problemen
- Schuldnerberatung
- Suchtberatung
- psychosoziale Betreuung
- Mietschuldenübernahme

Schwarz auf weiß – die Eingliederungsvereinbarung

Ihre gegenseitigen Verpflichtungen und konkreten Vorhaben werden in einem Vertrag schwarz auf weiß festgehalten. Das ist die sogenannte Eingliederungsvereinbarung.
Im SGB II heißt es dazu:

»Die Agentur für Arbeit soll (…) mit jedem erwerbsfähigen Hilfebedürftigen die für seine Eingliederung erforderlichen Leistungen vereinbaren (Eingliederungsvereinbarung). Die Eingliederungsvereinbarung soll insbesondere bestimmen,
1. welche Leistungen der Erwerbsfähige zur Eingliederung in Arbeit erhält,
2. welche Bemühungen der erwerbsfähige Hilfebedürftige in welcher Häufigkeit zur Eingliederung in Arbeit mindestens unternehmen muss und in welcher Form er die Bemühungen nachzuweisen hat,
3. welche Leistungen Dritter, insbesondere Träger anderer Sozialleistungen, der erwerbsfähige Hilfebedürftige zu beantragen hat.«
(§ 15 Abs. 1, Satz 1,2 SGB II)

Die Eingliederungsvereinbarung, die Sie zusammen mit dem PAP erarbeiten und unterschreiben müssen, ist für Sie bindend. Hier wird festgelegt, welche Förderleistungen und Unterstützungen (auch bei persönlichen und sozialen Problemen) Sie erhalten und welche Eigenbemühungen Sie im Gegenzug zu erbringen haben. Bestandteil des Vertrages kann z.B. die Forderung sein, dass Sie etwa fünf bis sieben Bewerbungen pro Monat abschicken. Oder dass Sie an einer bestimmten Bildungsmaßnahme teilnehmen. Im Vertrag könnte auch stehen, auf welche Stellen Sie sich bewerben

müssen und welche Tätigkeiten Ihnen zumutbar sind. Ebenso könnte man manche Forderungen weiter konkretisieren: z. B. die Form der Bewerbung (persönlich, schriftlich, telefonisch oder per E-Mail). Festgehalten wird auf jeden Fall, dass Sie verpflichtet sind, eigenständig nach Arbeitsmöglichkeiten zu suchen. Im Vertrag festgeschrieben wird auch die Art der Sanktionen, die bei Nichtbefolgung zu erwarten sind. Die ersten schmerzlichen Sanktionen treten bereits in Kraft, wenn Sie sich weigern, die Eingliederungsvereinbarung zu unterschreiben. Eine Kürzung der Regelleistung um 30 Prozent kann die Folge sein. Weitere Sanktionen treten in Kraft, wenn Sie sich ohne wichtigen Grund nicht an die Vereinbarungen des Vertrages halten.
Übrigens: Ebenso wie der Antrag auf ALG II alle sechs Monate neu gestellt werden muss, so ist auch die Eingliederungsvereinbarung alle sechs Monate zu erneuern.

Wann ohne Vereinbarung?

Sie brauchen keine Eingliederungsvereinbarung (EinV) abzuschließen, wenn
• Sie eine Stelle in Aussicht haben, die Sie in spätestens zwei Monaten antreten
• Ihnen aus sozialen und familiären Gründen (Kinder unter drei Jahren, Pflege von Angehörigen etc.) eine Arbeit derzeit nicht zumutbar ist
• Sie voraussichtlich ohne EinV in naher Zukunft einen Arbeitsplatz finden
• Sie als ALG-II-Empfänger bereits eine (wenn auch nur geringfügige) Arbeit haben
• Sie die 58er-Regelung (Seite 90) unterschreiben
• Sie psychische oder andere Erkrankungen haben, die eine Vereinbarung nicht zulassen.

Neben den oben genannten Leistungen des Fallmanagements haben Sie im Rahmen der Eingliederungsvereinbarung weiter Anspruch auf folgende Förderungsbeihilfen und Maßnahmen:
- Bewerbungskosten
- Förderung der beruflichen Weiterbildung (Bildungsgutschein)
- Trainingsmaßnahmen
- Förderung der Teilhabe behinderter Menschen am Arbeitsleben
- Eingliederungszuschüsse
- Arbeitsbeschaffungsmaßnahmen
- Vermittlungsgutschein für Leistungen privater Arbeitsvermittler
- Übergangsbeihilfe bis zum ersten Gehalt
- Ausrüstungsbeihilfe für Arbeitskleidung und -gerät
- Fahrt- und Reisekostenbeihilfe
- Beihilfe für getrennte Haushaltsführung
- Umzugskostenbeihilfe bei auswärtiger Arbeitsstelle
- Einstiegsgeld

Allerdings handelt es sich bei all den hier aufgeführten Beihilfen und Maßnahmen um sogenannte »Ermessensleistungen«, auf die kein Rechtsanspruch besteht (Ausnahme: die Förderung der Teilhabe behinderter Menschen am Arbeitsleben).

Die einzelnen Maßnahmen im Detail

Kosten, die im Rahmen von *Bewerbungen* (Anfertigung und Versand) anfallen, werden bis zu 260 Euro jährlich von der Behörde übernommen. Auch die berufliche Weiterbildung wird von der Behörde gefördert. Einen *Bildungsgutschein* erhalten ALG-II-Empfänger, wenn ein »individuell notwendiger Qualifizierungsbedarf« besteht. Dieser Gutschein ist innerhalb seiner Gültigkeitsdauer bei einer zugelassenen Institution eigener Wahl einzulösen. Auch *Trainingsmaßnahmen*

(z. B. ein Bewerbungstraining) bis zu zwölf Wochen werden genehmigt, soweit sie die Chancen auf eine berufliche Wiedereingliederung verbessern. **Achtung:** Wenn Ihnen eine Weiterbildungs- oder Trainingsmaßnahme genehmigt wird, dürfen Sie die Maßnahme ohne triftigen Grund nicht vorzeitig beenden. Sonst drohen Ihnen Schadensersatzforderungen.

Gerichtsurteile zu Hartz IV

Wenn eine Arbeitsagentur einem ALG-II-Empfänger eine **Fortbildungsmaßnahme** »verordnet«, darf er die Teilnahme daran nicht ablehnen, auch wenn er der Meinung ist, die Maßnahme läge unter seinem Niveau. In einem solchen Fall urteilten die Richter am Sozialgericht Dresden, dass die Teilnahme an Fortbildungskursen nicht nur zumutbar sei, sondern eine Voraussetzung für die Wiedereingliederung des Arbeitslosen in den ersten Arbeitsmarkt darstelle.
(Az.: Sozialgericht Dresden S 23 AS 870/05 ER)

Wer körperlich, geistig oder seelisch beeinträchtigt ist, hat Rechtsanspruch auf besondere Leistungen zur Teilhabe am Arbeitsleben und auf Bildungsmaßnahmen der beruflichen Rehabilitation. *Behindertenspezifische Leistungen* (behinderungsgerechte Wohnung/Fahrzeug/Arbeitshilfen) sind ebenfalls möglich. Eingliederungszuschüsse erhalten Arbeitgeber, die Arbeitslose mit Vermittlungshemmnissen (also auch Menschen, die unter körperlichen, geistigen oder seelischen Beeinträchtigungen leiden) einstellen.

Auch *Arbeitsbeschaffungsmaßnahmen* (ABM) kommen infrage, wenn Sie gesundheitlich oder aufgrund Ihres fortgeschrittenen Alters gehandicapt sind oder Sie aus anderen Gründen schwer vermittelbar sind. Je nach

Ihrer Qualifikation werden dann zwischen 900 und 1300 Euro als Lohnzuschüsse an den Arbeitgeber gezahlt.

Einen *Vermittlungsgutschein* für die Inanspruchnahme eines privaten Arbeitsvermittlers können ALG-II-Empfänger beantragen, die auch nach mehreren Monaten noch keine Arbeit gefunden haben. Auch geringfügig beschäftigte ALG-II-Empfänger oder Teilnehmer einer ABM können einen solchen Gutschein erhalten.

Haben Sie einen Job gefunden, beantragen Sie eine *Übergangsbeihilfe* bis zum Eingang des ersten Gehalts. Diese Beihilfe wird in Form eines bis zu 1000 Euro hohen Darlehens ausgezahlt. Die *Ausrüstungsbeihilfe* für Arbeitskleidung und Arbeitsgerät beträgt bis zu 260 Euro. Liegt Ihre Ausbildungs- oder Arbeitsstätte außerhalb Ihres Wohnorts – die Arbeitsagentur spricht von einer Arbeit »außerhalb des Tagespendelbereichs« – kann ferner *Fahrt- und Reisekostenbeihilfe* (Reisekosten bis zu 300 Euro) gewährt werden. Bei einer Arbeit »außerhalb des Tagespendelbereichs« entstehen möglicherweise auch *Kosten für Umzug* (bis zu 4500 Euro) sowie *getrennte Haushaltsführung*. Die Kosten für getrennte Haushaltsführung können bis 260 Euro monatlich bezuschusst werden. Aber auch das sind alles nur Ermessensleistungen.

Eine weitere, für erwerbsfähige Hilfebedürftige lohnende Maßnahme ist das *Einstiegsgeld*. Dazu heißt es im SGB II:

»Zur Überwindung von Hilfebedürftigkeit kann erwerbsfähigen Hilfebedürftigen, die arbeitslos sind, bei Aufnahme einer sozialversicherungspflichtigen oder selbstständigen Erwerbstätigkeit ein Einstiegsgeld erbracht werden, wenn dies zur Eingliederung in den allgemeinen Arbeitsmarkt erforderlich ist.«
(§ 29 Abs. 1 Satz 1 SGB II)

Auf Leistungen zur Existenzgründung (z. B. den Gründungszuschuss) haben ALG-II-Empfänger im Gegensatz zu Personen, die Arbeitslosengeld (I) beziehen, keinerlei Anspruch. Als Ausgleich gewährt die Bundesregierung ein Einstiegsgeld, das sowohl selbstständig Arbeitende als auch ALG-II-Empfänger in Lohnarbeit erhalten können. Wichtig ist, das Einstiegsgeld vor Beginn der Erwerbstätigkeit zu beantragen. Doch es handelt sich auch hierbei um eine Ermessensleistung.
Der Fallmanager entscheidet, ob eine derartige Eingliederungsleistung in Ihrem Fall sinnvoll ist. Was unter anderem davon abhängt, ob Sie aufgrund der neuen Tätigkeit besonders hohe Aufwendungen haben. Um sich selbstständig zu machen, benötigen Sie ein Gutachten von BFZ oder IHK, das die Behörde bezahlen kann. Das Einstiegsgeld wird maximal zwei Jahre lang gezahlt und beträgt 50 Prozent der Regelleistung von 345 Euro. In Einzelfällen kann es auch 100 Prozent betragen. Schließlich erhält auch jedes Mitglied der Bedarfsgemeinschaft 10 Prozent des Regelsatzes.

Eine unselige Pflicht: Sie müssen jede zumutbare Arbeit annehmen!

»Dem erwerbsfähigen Hilfebedürftigen ist jede Arbeit zumutbar (...).«
(§ 10 Abs. 1 SGB II)

Sie sind Diplomingenieur. Da Sie keine Arbeit in Ihrem Job finden, bietet Ihnen Ihr Fallmanager eine vorübergehende Arbeit in der Gastronomie an. Sie waren jahrzehntelang ein gefragter Softwaremanager, Sie sind nun seit drei Jahren arbeitslos und finden partout keine Arbeitsstelle. Ihr Fallmanager schlägt Ihnen vor, einen Job in der öffentlichen Bibliothek anzunehmen. Was heißt eigentlich »zumutbare Arbeit«? Was ist zu-

mutbar und was nicht? Und müssen Sie jede Arbeit annehmen, die Ihr Fallmanager für zumutbar hält?
Nach dem SGB II ist »dem erwerbsfähigen Hilfebedürftigen jede Arbeit zumutbar, es sei denn, dass er zu der bestimmten Arbeit körperlich, geistig oder seelisch nicht in der Lage ist, die Ausübung der Arbeit ihm die künftige Ausübung seiner bisherigen überwiegenden Arbeit wesentlich erschweren würde, weil die bisherige Tätigkeit besondere körperliche Anforderungen stellt (...)« (§ 10 Abs. 1 Nr. 1,2 SGB II).
Unzumutbar ist eine Arbeit laut SGB II auch, wenn die Aufnahme dieser Tätigkeit die Betreuung eines Kindes oder die Pflege eines Angehörigen beeinträchtigen oder gefährden würde. Andere wichtige Gründe, »die der Ausübung der Arbeit (...) entgegenstehen«, werden in § 10 SGB II nicht grundsätzlich ausgeschlossen. Welche das sein könnten, wird nicht erwähnt, eröffnet Ihnen aber einen gewissen Spielraum für Ihre Argumentation.
Sie können laut SGB II eine Arbeit auch nicht allein deshalb als unzumutbar ablehnen, »weil sie nicht einer früheren beruflichen Tätigkeit des erwerbsfähigen Hilfebedürftigen entspricht, für die er ausgebildet ist oder die er ausgeübt hat, sie im Hinblick auf die Ausbildung des erwerbsfähigen Hilfebedürftigen als geringerwertig anzusehen ist (...)« (§ 10 Abs. 2 Nr. 1,2 SGB II). Selbst wenn die Arbeitsbedingungen ungünstiger sind als bei Ihrer letzten Tätigkeit oder die Arbeitsstelle weiter vom Wohnort entfernt als die letzte, gilt dies noch nicht als unzumutbar (§ 10 Abs. 2 Nr. 3,4 SGB II).
Sie dürfen demnach also auch nicht deshalb eine Arbeit ablehnen, weil sie überhaupt nichts mit Ihrer früheren Tätigkeit und eigentlichen Qualifikation zu tun hat oder der Lohn unter Tarif bzw. dem ortsüblichen Entgelt liegt. Doch gibt es hier gar keine unteren Grenzen? Was die angemessene Bezahlung von ALG-II-Be-

ziehern angeht, existieren in der Tat keine näheren gesetzlichen Bestimmungen. Weil eine ganze Reihe von ALG-II-Empfängern gegen unzulässige Arbeitsbedingungen im Niedriglohnbereich geklagt hat, liegen mittlerweile mehrere Urteile der Sozialgerichte vor, die eine Unterschreitung des (ortsüblichen) Tariflohnes von mehr als 30 Prozent als sittenwidrig bezeichnen. Das Ministerium für Arbeit, Gesundheit und Soziales des Landes Nordrhein-Westfalen hat unter Auswertung von 191 Tarifverträgen einen detaillierten Tarifspiegel für den Niedriglohnbereich entworfen, der eine erste nützliche Orientierungshilfe bietet. Der Tarifspiegel kann heruntergeladen werden unter www.gib.nrw.de/specials. Auch bei der örtlichen Gewerkschaft kann man sich nach dem ortsüblichen Lohnniveau erkundigen. Hier können Sie auch das Jobangebot, das Ihnen Ihr Fallmanager unterbreitet hat, prüfen lassen. Falls Ihnen wegen Ihrer Ablehnung eines weit untertariflichen Jobs Sanktionen drohen oder bereits in Kraft getreten sind, legen Sie einfach Widerspruch ein. Anregungen finden Sie auf Seite 196–208. Wird der Widerspruch abgelehnt, klagen Sie vor dem Sozialgericht. Sittenwidrige Verträge sind nicht nur inakzeptabel, sondern auch strafbar. Das gilt im Übrigen auch für sogenannte Minijobs oder andere geringfügige Beschäftigungen.

Sonderfall: Ein-Euro-Jobs

Ein Spezialfall sind die sogenannten *Ein-Euro-Jobs,* die den ALG-II-Empfängern »zugemutet« werden, wenn alle anderen Alternativen, Arbeit zu finden, fehlgeschlagen sind und der Fallmanager für den Erwerbslosen in absehbarer Zeit keine andere Chance erkennt, ihm also diesbezüglich eine negative Prognose stellt. Dies ist also erneut eine Ermessensentscheidung, die der Arbeitslose anzweifeln und der er widersprechen kann. Hat der Fallmanager alles nur Erdenkliche für mich getan, um mich bei der Arbeitssuche zu unterstützen? Das ist zu diskutieren, genauso wie Ihre Beschäftigungsfähigkeit, die Sie zu Ihren Gunsten belegen können, u. a. etwa durch die Mitarbeit in einem Verein oder die mögliche Aussicht auf eine Stelle.

Ein-Euro-Jobs sind keine Arbeitsplätze im herkömmlichen Sinne. Sie müssen gemeinnützig, im öffentlichen Interesse und *zusätzlich* sein. Das bedeutet, es dürfen durch Ein-Euro-Jobber keine regulären Arbeitsplätze wegfallen. Ein-Euro-Jobs werden auch als »Arbeitsgelegenheiten« bezeichnet. Zuzüglich zum ALG II erhält der Jobber eine sogenannte »Mehraufwandsentschädigung« von 1–2 Euro die Stunde. Beispiele für infrage kommende Arbeitsgelegenheiten wären: die Essenszubereitung für Hilfebedürftige, ein Spaziergang mit älteren pflegebedürftigen Menschen, Kinderbetreuung, Stadtreinigung, eine Tätigkeit im Garten- und Landschaftsbau, eine gemeinnützige Arbeit in Wohlfahrtsverbänden usw.

Ziel der Ein-Euro-Jobs, die einstmals als wichtiger Baustein der Hartz-IV-Reformen galten, sollte sein, die Langzeitarbeitslosen wieder an den regelmäßigen Berufsalltag zu gewöhnen. Die Bilanz ist ernüchternd. Nur in fünf Prozent der Fälle gelang dadurch eine anhaltende Eingliederung in den Arbeitsmarkt, wie die ARGE Dortmund feststellen musste. Und der Bundesrechnungshof kommt nach einer Prüfung zu dem Schluss, dass fast ein Viertel der Ein-Euro-Jobs nicht gemeinnützig und nicht *zusätzlich* ist (Bericht über die Durchführung der Grundsicherung für Arbeitslose vom 19. 5. 2006). Manche Betriebe und öffentliche Einrichtungen scheinen sich also durch den bevorzugten Einsatz von Ein-Euro-Jobbern zu sanieren. Irritierend ist zudem, dass dem verantwortlichen Träger einer solchen Maßnahme sogar noch eine monatliche »Maßnahmekostenpauschale« gezahlt wird, die den entstehenden Aufwand (z. B. für Unfallversicherung, Betreuung, Sachkosten) abdecken soll.

Gerichtsurteile zu Hartz IV

Ein ALG-II-Empfänger darf ein Arbeitsangebot, bei dem ein **Tariflohn unter Sozialhilfeniveau** gezahlt wird, ablehnen. Mehr noch: Das Sozialgericht Berlin hat in einem Urteil vom Februar 2006 entschieden, dass Arbeitsagenturen derartige Arbeitsangebote gar nicht erst unterbreiten dürfen. In seinem Urteil weist es allerdings auch ausdrücklich darauf hin, dass seine Entscheidung von einem Urteil des Bundesarbeitsgerichts zur zumutbaren Lohnhöhe abweicht.
(Az.: Sozialgericht Berlin S 77 AL 742/05)

Das Sozialgericht Berlin gab einem 24-jährigen Langzeitarbeitslosen recht, der einen Ein-Euro-Job mit der Begründung abgelehnt hatte, dort nur Reinigungs- und Büroarbeiten verrichten zu müssen. Die Arbeitsagenturen sind gehalten, jeden Ein-Euro-Job genau auf **Gemeinnützigkeit** zu prüfen.
(Az.: Sozialgericht Berlin S 37 AS 4801/05 ER)

Leistungskürzungen

Wer eine zumutbare Arbeit ablehnt, muss unweigerlich mit *Sanktionen,* also Leistungskürzungen rechnen. Leistungskürzungen drohen auch, wenn Sie sich den in der Eingliederungsvereinbarung festgelegten Pflichten verweigern, wenn Sie also
• ärztliche oder psychologische Untersuchungstermine nicht wahrnehmen

- der Aufforderung zur Meldung bei der zuständigen Behörde nicht nachkommen
- eine beschlossene Weiterbildungsmaßnahme nicht fortführen oder gar nicht erst antreten
- sich nicht aktiv und nachweisbar um eine Arbeitsstelle bemühen
- sich nicht an die sonstigen Vorgaben der Vereinbarung halten.

Zudem sind Sie als ALG-II-Empfänger verpflichtet, sämtliche Änderungen Ihrer Verhältnisse, die sich unmittelbar auf die Höhe und den Umfang des Leistungsbezugs auswirken, dem Amt unverzüglich anzuzeigen. Das sind zum Beispiel:
- Aufnahme einer neben- oder hauptberuflichen Tätigkeit
- Änderung der Wohn- und Lebensverhältnisse
- Krankheiten, die sich negativ auf die Arbeitsfähigkeit auswirken
- Vorübergehende Arbeitsunfähigkeit
- Geänderte Einkommens- und/oder Vermögensverhältnisse
- Neu hinzugekommener Leistungsbezug (z. B. Rente, Mutterschaftsgeld)

Und das sind die Konsequenzen, die bei Pflichtverletzungen drohen:
- Das ALG II wird bei Meldeversäumnissen (Nichterscheinen beim Amt oder einer ärztlichen/psychologischen Untersuchung) für einen Zeitraum von drei Monaten um 10 Prozent gekürzt. Gleichzeitig wird auch der befristete Zuschlag gestrichen.
- Das ALG II wird drei Monate um 30 Prozent reduziert, wenn der Betroffene sich aus unzureichenden Gründen weigert, eine Eingliederungsvereinbarung abzuschließen, die Vorgaben der Eingliederungsvereinbarung nicht einhält oder eine zumutbare Arbeit ablehnt. Der befristete Zuschlag fällt weg.

• Das ALG II wird um 60 Prozent gekürzt, wenn es z. B. innerhalb eines Jahres zu einer wiederholten Ablehnung einer zumutbaren Arbeit oder einer anderen Pflichtverletzung kommt.
Bei einem wiederholten Meldeversäumnis wird die Kürzung um weitere 10 Prozent erhöht. Der befristete Zuschlag entfällt.
• Wenn innerhalb eines einzigen Jahres zum dritten Mal eine zumutbare Tätigkeit abgelehnt wird, können das ALG II, der befristete Zuschlag und die Kosten für Wohnung und Heizung gestrichen werden. Diese Komplettsanktion kann aber laut Bundesagentur für Arbeit »unter gewissen Voraussetzungen auf 60 Prozent begrenzt« werden (Aktuelle Informationsbroschüre *Grundsicherung für Arbeitsuchende. ALG II/Sozialgeld*, hrsg. von der Bundesagentur für Arbeit, Nürnberg, Stand: August 2006).
• Nach wiederholten Pflichtverletzungen können laut Informationsbroschüre der Bundesagentur für Arbeit zusätzlich zu den beschriebenen Kürzungen auch Leistungen für Mehrbedarfe, Kosten für Unterkunft und Heizung sowie sonstige Bedarfe gekürzt werden.
• Für ALG-II-Empfänger, die unter 25 Jahre alt sind, gelten verschärfte Sanktionen, denn nach § 3 Abs. 2 SGB II sind sie »unverzüglich nach Antragstellung (...) in eine Arbeit, eine Ausbildung oder eine Arbeitsgelegenheit zu vermitteln«. Wer sich hier weigert, kann unter Umständen sehr schnell seinen Leistungsanspruch verlieren.
Um die Situation etwas abzufedern, gesteht die Behörde den Arbeitsuchenden bei Kürzungen um 30 Prozent »ergänzende Sachleistungen« (z. B. Lebensmittelgutscheine) zu, »insbesondere dann, wenn minderjährige Kinder in der Bedarfsgemeinschaft leben« (*Grundsicherung für Arbeitsuchende. ALG II/Sozialgeld*, hrsg. von der Bundesagentur für Arbeit, Nürnberg, Stand:

August 2006). Aber auch das sind nur Ermessensleistungen. Diese seit Anfang 2007 geltenden verschärften Sanktionen haben für viel Empörung gesorgt. Kritiker sprechen hier von unangemessenen, drakonischen Strafen, die eines Sozialstaats nicht würdig seien und Langzeitarbeitslose, die nach Einschätzung der Bundesagentur und unabhängiger Forschungsinstitute ohnehin kaum Chancen auf dem Arbeitsmarkt haben, zusätzlich schikanieren und weiter ins Abseits drängen. Es bleibt zu hoffen, dass es hier in absehbarer Zukunft zu einer Milderung bzw. Einschränkung der Sanktionen kommt statt zu einer weiteren Verschärfung (wie sie viele gut verdienende Politiker bereits fordern). Statt Menschen, die ohnehin schon in einer misslichen Lage sind, weiter unter Druck zu setzen, wäre es sicherlich sinnvoll, sein Hauptaugenmerk auf die Schaffung von Arbeitsplätzen zu legen.

Wie Sie sich wehren können

Nicht jeden Bescheid der Behörden müssen Sie hinnehmen. Sie verfügen über verschiedene Mittel, um sich gegen ein inakzeptables Vorgehen zu wehren.

Der Widerspruch

Alle Entscheidungen der ARGE sind Verwaltungsakte, die vom ALG-II-Empfänger oder Antragsteller infrage gestellt und angefochten werden können. Geht Ihnen ein Bescheid zu, mit dem Sie nicht einverstanden sind, z. B. die Verhängung einer Sanktion oder die Ablehnung eines Antrags auf ALG II, können Sie Widerspruch einlegen. Nach Erhalt des Bescheids (ab dem Tag, an dem das Schreiben bei Ihnen eingeht) haben Sie einen ganzen Monat Zeit, um einen Widerspruch bei der zuständigen Behörde einzureichen. Das ist in der Regel die Behörde, die den Bescheid erlassen hat. Ist die einmonatige Frist ohne Ihr Verschulden, z. B. wegen einer schweren Erkrankung oder eines Krankenhausaufenthalts, bereits überschritten, wird die Behörde auch Ihren verspäteten Widerspruch akzeptieren. Sie können den Widerspruch mündlich gegenüber Ihrem Sachbearbeiter vorbringen, der diesen dann zu protokollieren und schriftlich zu bestätigen hat. Sie können den Widerspruch aber auch schriftlich einreichen (Musterbriefe finden Sie auf den Seiten 196 bis 210).

Dazu sollten Sie in einfachen Worten darlegen, gegen welche Entscheidung Sie sich wehren und wann Sie den Bescheid erhalten haben. Begründen müssen Sie diesen Widerspruch nicht sofort, wenn Sie darauf verweisen, dass sie die Begründung nachreichen.

Sinnvoll ist eventuell, sich dabei von Fachleuten beraten zu lassen. Nehmen Sie Kontakt mit einer unabhängigen Beratungsstelle in Ihrer Nähe auf (Seite 92).

Ist das Geld knapp, beantragen Sie eine einstweilige Anordnung
Ein Widerspruch hat keine aufschiebende Wirkung. Das bedeutet, dass die behördliche Entscheidung über eine verhängte Sanktion oder eine Ablehnung Ihres ALG-II-Antrags erst einmal Bestand hat und in Kraft tritt. Doch wenn Sie auf die Zahlungen zum Lebensunterhalt unbedingt angewiesen sind und deshalb die Antwort der Behörde nicht abwarten können, haben Sie die Möglichkeit, beim zuständigen Sozialgericht Ihres Ortes eine *einstweilige Anordnung* zu beantragen. Hierbei lassen Sie sich am besten wieder von einer unabhängigen Beratungsstelle helfen. Auch die Rechtsantragsstelle des Sozialgerichts ist verpflichtet, Sie bei der Abfassung der einstweiligen Anordnung zu unterstützen.

Der nächste Schritt – die Klage

Wird Ihr Widerspruch abgelehnt, ist noch nichts verloren. Gegen den Widerspruchsbescheid, den Sie erhalten haben, können Sie innerhalb eines Monats Klage beim zuständigen Sozialgericht einreichen. Auch hierbei wird Ihnen die Rechtsantragsstelle des Sozialgerichts behilflich sein (Musterbrief einer Klage: siehe Anhang, Seite 209–210). Eine solche Klage ist wie der Widerspruch kostenfrei. Lassen Sie sich jedoch durch einen Rechtsanwalt vertreten, müssen Sie die Kosten selbst tragen, sofern Sie im Rechtsstreit unterliegen.
Sie können auch Prozesskostenhilfe beantragen. Voraussetzungen sind ein nicht genügendes Einkommen und Vermögen (was der Fall sein dürfte) und die wahrscheinliche Perspektive, den Prozess gewinnen zu können. Ist das von vornherein aussichtslos, werden Sie keine Prozesskostenhilfe erhalten.
Sie haben jedoch – auch schon zum Zeitpunkt Ihrer Widerspruchsabsicht – als Hartz-IV-Empfänger Anspruch auf eine Rechtsberatung bei einem Rechtsanwalt Ihrer Wahl. Sprechen Sie mit Ihrem Sachbearbeiter, der Ihnen einen »Berechtigungsschein« aushändigt, den sie bei Ihrem Rechtsanwalt vorlegen.
Sie sind übrigens nicht allein mit Ihrer Klage. Seit Einführung von Hartz IV ist es zu einer regelrechten Klagewelle vor den Sozialgerichten gekommen, die durch die ständige Modifizierung der Hartz-Gesetze seit Mitte des Jahres 2006 eher noch zugenommen hat. Und die Aussichten der Arbeitslosen sollen laut Statistik sogar recht gut sein. Die meisten der an den deutschen Sozialgerichten tätigen Juristen sind derzeit überwiegend mit Hartz-IV-Klagen beschäftigt. Ein regelrechter Personalnotstand hat dazu geführt, dass zusätzlich Juristen anderer Gerichte aushelfen mussten.

Hartz IV: die wichtigsten Begriffe von A bis Z

Arbeitslosengeld II (ALG II): monatlicher Regelsatz von 345 Euro zuzüglich der Kosten für Unterkunft/Heizung
Arbeitslosenhilfe: frühere Arbeitslosenunterstützung nach Ablauf des Arbeitslosengelds; seit 1.1.2005 abgeschafft
ARGE: Kurzform für **Ar**beits**ge**meinschaft der Bundesagentur für Arbeit mit den Kommunen, die für ALG II/Sozialgeld zuständig sind
Bedarfsgemeinschaft: in einem Haushalt lebende Personen mit einem gemeinsamen Einkommensbedarf; auch der allein lebende erwerbsfähige Hilfebedürftige gilt im rechtlichen Sinne als Bedarfsgemeinschaft
Berufsausbildungsbeihilfe: Zuschuss für eine betriebliche oder außerbetriebliche Ausbildung
Bildungsgutschein: Gutschein für eine berufliche Weiterbildungsmaßnahme; bei Bedarf zu beantragen
Ein-Euro-Job: mit 1–2 Euro vergütete, gemeinnützige Arbeitsgelegenheit
Eingliederungsvereinbarung: verbindlicher Vertrag zwischen dem ALG-II-Empfänger und der ARGE
Eingliederungszuschuss: Zuschuss für Arbeitgeber, die schwer vermittelbare ALG-II-Empfänger einstellen
Einstehensgemeinschaft: Menschen, die in einer »eheähnlichen Partnerschaft« zusammenleben
Einstellungszuschuss: Zuschuss für Arbeitgeber, die ALG-II-Empfänger (beispielsweise nach einer ABM-Maßnahme) einstellen
Einstiegsgeld: Zuschuss für ALG-II-Empfänger, die sich selbstständig machen oder in Lohnarbeit wechseln

Erwerbsfähigkeit: Als erwerbsfähig gilt, wer mindestens drei Stunden täglich arbeiten kann, nicht jünger als 15 und nicht älter als 65 Jahre ist.
Fallmanager: auch persönlicher Ansprechpartner (PAP) genannt; wichtigste Kontaktperson des Arbeitsuchenden in der ARGE
Freibeträge: anrechnungsfreies Einkommen und Vermögen
Hilfebedürftigkeit: Als hilfebedürftig gilt, wer für seinen Lebensunterhalt (und den seiner Angehörigen) nicht aus eigenen Mitteln und Kräften aufkommen kann.
Kinderzuschlag: Zuschlag für Geringverdienende, der zusätzlich zum Kindergeld gezahlt wird
Kommunale Träger: die kreisfreien Städte und Landkreise
Kostenaufwendige Ernährung: für ca. 20 Krankheitsbilder antragsfähiger Mehrbedarf, der sich an den Empfehlungen des Deutschen Vereins für öffentliche und private Fürsorge (DV) orientiert
Mehraufwandsentschädigung: geringe Aufwandsentschädigung für sogenannte Arbeitsgelegenheiten, z. B. Ein-Euro-Jobs
Mehrbedarfe: finanzielle Unterstützung zusätzlich zum ALG II; für Schwangere, Alleinerziehende, Kranke und Behinderte
Persönlicher Ansprechpartner: siehe Fallmanager
Regelsatz: Grundbetrag des ALG II in Höhe von 345 Euro
SGB: Abkürzung für Sozialgesetzbuch
Sozialgeld: wird nichterwerbsfähigen Hilfebedürftigen einer Bedarfsgemeinschaft gewährt; entspricht dem Regelsatz, allerdings ohne Anspruch auf arbeitsfördernde Maßnahmen.
Übergangsbeihilfe: Darlehen für den Lebensunterhalt bis zur ersten Gehaltszahlung

Übergangshilfen: Zuschuss für Maßnahmeträger, die Jugendliche mit ausbildungsbegleitenden, jobfördernden Maßnahmen unterstützen
Unterkunftskosten: Unterkunft und Heizung werden zusätzlich zum Regelsatz des ALG II bezahlt.
Vermittlungsgutschein: Gutschein für Inanspruchnahme eines privaten Arbeitsvermittlers
Widerspruch: Der erwerbsfähige Hilfebedürftige widerspricht damit einem Bescheid der ARGE.
Wohngeld: Zuschuss für Mieter (Anspruchsausschluss für ALG-II-Empfänger!)
Wohngemeinschaft: nicht miteinander verwandte oder eheähnlich zusammenlebende Gruppe von Personen, die wirtschaftlich und finanziell getrennte Wege gehen, also einzeln antragsberechtigt sind
Wohnungsbeschaffungskosten: Kosten, die bei der Suche nach einer angemessenen Wohnung anfallen und von der Behörde auf Antrag übernommen werden
Zumutbarkeit: Der Begriff bezieht sich auf die mit der Eingliederungsvereinbarung eingegangene Verpflichtung, jede zumutbare Arbeit anzunehmen.
Zuschlag, befristeter: Zuschlag, der für maximal zwei Jahre beim Übergang vom Arbeitslosengeld (I) zum ALG II gewährt wird
58er-Regelung: Altersvorruhestandsregelung für über 58-Jährige

Interview mit Susanne K., 27 Jahre alt, ehemalige Hartz-IV-Empfängerin

Wie ist es zu Hartz IV gekommen?
Ich habe zweimal Hartz IV bekommen: das erste Mal, nachdem ich mit dem Studium fertig war, also etwa mit 25. Da habe ich bei meinen Eltern in Thüringen in Ostdeutschland gewohnt, war auf Jobsuche und bezog Hartz IV insgesamt zwei Monate.

Und was ist nach diesen zwei Monaten passiert?
Ich fand einen Job in München. Nach fünf Monaten habe ich jedoch schon wieder gekündigt, weil der Job scheiße war.
Daraufhin habe ich mich beim Arbeitsamt gemeldet und habe dann wieder Hartz IV bekommen. Diesmal habe ich mehr Geld erhalten. Die ersten zwei Monate bekam ich allerdings nicht die volle Summe, weil ich selber gekündigt hatte. Insgesamt habe ich in München sieben Monate von Hartz IV gelebt.

War es für dich schwierig, gleich nach dem Studium in die Arbeitslosigkeit mit Hartz IV zu fallen?
Ja, auf jeden Fall.

Für dich kann ja aber der finanzielle Unterschied nicht allzu groß gewesen sein, weil du ja im Studium auch nicht über viel Geld verfügt hast.
Ja, es geht auch nicht nur ums Finanzielle. Während des Studiums haben mich meine Eltern unterstützt, ich habe kein BAföG gekriegt, hatte also nicht mehr Geld. Aber es ist ein Unterschied, ob man es von den Eltern kriegt oder jedes Mal zum Arbeitsamt laufen muss und nachweisen muss, dass man sich beworben hat usw. Man fühlt sich da immer etwas erniedrigt, wie ein Bittsteller, das ist nicht gut fürs Selbstbewusstsein.

Was hat dir denn in dieser Situation inneren Halt gegeben?
Einerseits die Hoffnung, dass es nicht immer so sein wird, und andererseits der Gedanke, dass es nicht schlimmer als mein Job davor werden kann. Aber ehrlich, es ist nicht immer einfach, daran zu glauben. Je länger man nichts findet, desto kleiner wird die Hoffnung. Wenn es noch eine Weile nicht geklappt hätte, wäre ich wahrscheinlich ins Ausland gegangen und hätte dort etwas anderes angefangen.

Wurdest du während der Zeit, als du keinen Job hattest, von deinen Verwandten unterstützt?
Ja, meine Mutter hat mir oft gut zugeredet. Meine Familie hat Verständnis gezeigt. Außerdem hatte ich immer die Sicherheit, dass sie mich auch finanziell unterstützen würden, wenn es so weit kommt.

Was hat sich für dich durch die Arbeitslosigkeit verändert?
Ich bin so gut wie gar nicht ausgegangen, da das Geld gerade für die Miete und fürs Essen gereicht hat. Und ich habe mich überflüssig und verloren gefühlt.

Hast du denn als ehemalige Studentin mehr Geld vom Staat bekommen?
Nein, es ist dasselbe.

Gab es in all der Zeit etwas, was sich nicht verändert oder sogar verbessert hat?
Na ja, ich hatte mehr Freizeit, aber das war auch nicht unbedingt positiv ... Im Nachhinein kann ich jetzt sagen, dass ich durch die Arbeitslosigkeit viel strebsamer und engagierter geworden bin. Jetzt weiß ich auch das Geld, das ich verdiene, viel mehr zu schätzen, glaube ich.

Bist du der Meinung, dass man durch das Arbeitslosengeld etwas fauler wird?
Je mehr man sich daran gewöhnt, nichts machen zu müssen, desto schwieriger wird es, seinen Arsch hochzukriegen. Aus diesem Grund habe ich mich dazu gezwungen, Sport zu treiben und nicht später als um halb neun morgens aufzustehen.

Wie hat dein Tagesablauf ausgesehen?
Ich habe im Internet und in Zeitungen nach Jobs gesucht und habe Bewerbungen geschrieben, bin zur Post gegangen, habe also trotz allem versucht, eine gewisse Struktur in meinen Alltag zu bringen. Ich habe stets darauf geachtet, dass ich auch außer Haus etwas zu erledigen habe, um erst abends, wie nach einem normalen Arbeitstag, nach Hause zurückzukehren. Auch zu Hause habe ich versucht, mir einen Plan zu machen – vielleicht auch banale Sachen wie Waschen und Einkaufen –, um Arbeit und Freizeit zu unterscheiden.

Kamst du gut mit der Arbeitsagentur zurecht?
Ja, meine Sachbearbeiterin in München hat mich sehr gut behandelt. Allerdings muss ich sagen, dass sie nichts für mich gesucht hat, was wahrscheinlich auch damit zu tun hatte, dass sie sah, dass ich mich selber kümmere. Ein einziges Mal in den acht Monaten habe ich etwas von ihr gekriegt, und das war die Adresse eines privaten Arbeitsvermittlers. Insgesamt war das Ganze sehr bürokratisch, das heißt, ich musste mich teilweise für Jobs bewerben, die ich nie gewollt hätte, nur um irgendwelche Bewerbungen vorzuweisen.

Also hast du das Gefühl, dass sie dich zu Aktionen getrieben haben, die dir nicht unbedingt was genützt hätten?
Teilweise schon, wobei ich aber sagen muss, dass ich auch nicht unbedingt von ihnen erwartet habe, mir bei

der Suche zu helfen; darum habe ich mich ja selber gekümmert. Viel wichtiger ist mir, dass sie mich human behandelt haben: ganz im Gegensatz zu meinen Sachbearbeitern damals in Thüringen. Sie wussten nichts und haben sich wichtiggetan und mich erniedrigt.

Bekamst du irgendwelche Maßnahmen aufgebrummt?
Ich glaube, wenn das noch länger gedauert hätte, hätte ich in irgendwelche Maßnahmen gemusst, aber das war nicht der Fall. In Ostdeutschland allerdings hätten sie mir jeden Mist angedreht, um mich loszuwerden.

Hattest du das Gefühl, dass du besser behandelt wurdest als die, die keinen Hochschulabschluss hatten?
Ja, aber ich glaube, das lag auch daran, dass ich mich wirklich aktiv darum gekümmert habe, d. h., ich bin jeden Monat da angetanzt, um ihnen meine Bewerbungen zu zeigen usw. Sie haben mir mehr vertraut.

Inwiefern wird es toleriert, wenn man nicht den erstbesten Job annimmt und auf einen besseren warten will?
Es gab eine kleinere PR-Agentur in München, die mich anstellen wollte, allerdings auch nur deshalb, weil mich die Arbeitsagentur geschickt hatte. Einerseits hätte ich dort für sehr wenig Geld arbeiten müssen, andererseits kam mir die Firma beim Bewerbungsgespräch und durch Informationen, die ich aus dem Internet hatte, sehr zwielichtig vor. Das habe ich dann meiner Sachbearbeiterin mitgeteilt und ihr erklärt, dass ich dort nach kurzer Zeit auch kündigen würde, da es mir überhaupt nicht entsprach. Sie wollte mir den Job am Anfang aufdrängen, hatte dann aber nach langen Diskussionen doch Verständnis für meine Zweifel. Ein zweites Mal hätte sie das aber nicht gemacht, glaube ich. Ich glaube, das primäre Ziel ist schon, die Leute einfach irgendwo unterzubringen.

Was, denkst du, wäre passiert, wenn du diesen Job angenommen und ihn kurz darauf wieder gekündigt hättest?
Ich glaube, dann hätte ich ein echtes Problem damit gehabt, nochmals Arbeitslosengeld zu beantragen. Das hat mir meine Sachbearbeiterin auch gesagt.

Musstest du nach Ablauf der ersten sechs Monate Arbeitslosengeld II erneut beantragen, obwohl du jeden Monat deine aktiven Versuche, Arbeit zu finden, bekundet hast?
Ja, diese Vorschrift gilt für alle. Zwei Monate, nachdem ich die Verlängerung gekriegt habe, habe ich einen Job bei der Telekom bekommen, den ich immer noch habe. Da war ich einfach nur froh, alles hinter mir zu haben. Insgesamt hat mich die Zeit der Arbeitslosigkeit sehr abgehärtet. Wenn es um meinen Job geht, bin ich kämpferischer geworden.

Wie bist du mit dem Geld zurechtgekommen? Hattest du irgendeine besondere Methode, mit dem Geld umzugehen?
Ich bin allgemein gut im Haushalten, rauche nicht und gehe nicht oft aus. Sparen konnte ich nicht, aber auf die Preise schauen. Ich bin z. B. nie hungrig einkaufen gegangen. Außerdem habe ich mir vorher genau überlegt, was ich kaufen muss und was nicht, damit ich keine unnötigen Sachen einfach so aus Lust mitnehme. Auch habe ich es vermieden, einfach schnell draußen etwas zum Essen zu kaufen, wenn ich mal Hunger bekommen habe und gerade nicht zu Hause war. Wenn ich mal bei irgendeinem Kleidungsstück schwach geworden bin, habe ich es mir für einen Tag zurücklegen lassen und habe erst mal zu Hause in Ruhe überlegt, ob ich das wirklich brauche. Wenn der Kaufdrang sich beruhigt hat, erweisen sich viele Käufe als total überflüssig. Solche kleinen Methoden nützen wirklich viel.

Die Situation des Hartz-IV-Empfängers

All die Gesetze und Reglementierungen des SGB II, die in der Eingliederungsvereinbarung festgeschriebenen Pflichten des ALG-II-Empfängers, die von den Politikern immer wieder beschworene Direktive des »Forderns und Förderns« und das damit verknüpfte Hauptziel »Menschen in Arbeit zu bringen« und die Arbeitslosenzahlen zu senken, lassen leicht vergessen, dass es bei Arbeitslosen um Menschen geht, die in einer außerordentlich schwierigen Situation sind. Nicht nur in finanzieller, sondern auch in psychischer und sozialer Hinsicht sind ALG-II-Empfänger in einer bedrückenden Zwangslage. In den für dieses Buch geführten Interviews wird das immer wieder deutlich. Die durch die lange Arbeitslosigkeit entstandenen Veränderungen erfassen den gesamten Alltag und das ganze Leben des Betroffenen. Es gibt kaum einen Lebensbereich, der davon nicht betroffen ist. Wer diese Gespräche mit Hartz-IV-Empfängern liest, spürt regelrecht den auf ihnen lastenden Druck und die beklemmende Atmosphäre, die ihr Leben erfasst hat. Auf die Frage nach ihrem Befinden reagieren manche mit Befremden. Die Einschränkungen, die aufgrund der finanziellen Situation zu machen sind, sind gravierend und erstrecken sich auf für Gesundheit und Wohlbefinden elementare Lebensbereiche. Auf die Frage, wie sich die Geldknappheit auf sein Leben auswirkt und wo Abstriche zu machen sind, antwortet der 45 Jahre alte Fred K.: »Überall, nichts darf kaputtgehen, ich darf nicht krank werden.« Abstriche sind überall zu machen, beim Essen, beim Weggehen, sagt die arbeitslose Claudia M. Unbezahlte Rechnungen häufen sich.

Der Lebensstandard sinkt rapide. Der Winter wird zum Albtraum, weil die Stadt groß ist und das Geld für die Fahrkarte nicht reicht. Kulturelle Angebote können gar nicht mehr oder kaum noch wahrgenommen werden. Das letzte Drittel des Monats wird zum Problem. Immer wieder ist zu hören, dass am täglichen Essen gespart wird. »Lebensmittelarmut« im Wohlfahrtsstaat Bundesrepublik Deutschland – seit der Einführung von Hartz IV ein immer häufiger anzutreffendes Phänomen (siehe Seite 164–170 die Erläuterungen zur »Tafel«).

Moralisierung der Arbeitslosigkeit
Dazu kommen Scham- und Schuldgefühle. Die 27-jährige Susanne K. findet es belastend, auf das Geld vom Staat angewiesen zu sein und regelmäßig beim Arbeitsamt antreten zu müssen, »um nachzuweisen, dass man sich beworben hat usw.«: »Man fühlt sich da immer etwas erniedrigt, wie ein Bittsteller, das ist nicht gut fürs Selbstbewusstsein«, bekennt sie im Interview. Zur Arbeitsagentur oder zur Sozialbehörde zu gehen, ist für die meisten mit einem unguten Gefühl, oftmals sogar mit Angst und Scham verbunden. Gegenüber Bekannten und Fremden wird die eigene Arbeitslosigkeit nicht selten verheimlicht. Obwohl Arbeitslosigkeit überwiegend ein gesellschaftliches Problem und nicht die Schuld des Einzelnen ist, sind individuelle Scham- und Schuldgefühle nahezu immer vorhanden. Obwohl heutzutage niemand mehr – selbst nicht der am besten ausgebildete Beschäftigte – erwarten kann, ohne Unterbrechungen in einem Arbeitsverhältnis zu sein und niemals eine arbeitslose Phase durchleben zu müssen, und obwohl der Arbeitsmarkt immer unberechenbarer wird, wird Arbeitslosigkeit in unserer Gesellschaft nach wie vor mit einem merkwürdigen Stigma belegt. »Wir leben in einer erwerbszentrierten Gesellschaft, und die Erwerbstätigkeit ist nach wie vor

einer der wesentlichen Identitätsfaktoren«, sagt die Psychologieprofessorin und Psychotherapeutin Christine Morgenroth in einem Gespräch mit der Zeitschrift *Psychologie Heute* (7/2005). Auch der Münchner Psychoanalytiker und Facharzt für psychotherapeutische Medizin Dr. Rolf Schmidts betont den »absolut zentralen Wert, den Arbeit und beruflicher Erfolg in unserer Gesellschaft haben.« Er führt dies zurück auf die christlich-religiösen Wurzeln der westlichen Arbeitsethik. Mit dem fast religiösen Wert, der Arbeit im Rahmen dieser Tradition zugesprochen wird, erklärt Schmidts auch die Vorurteile gegenüber Erwerbslosen und Arbeitslosigkeit. Zu diesen Vorurteilen zählt er auch den weitverbreiteten Moralismus, mit dem Erwerbslose immer wieder konfrontiert werden. Wie oft müssen sich gerade Langzeitarbeitslose »gut gemeinte« moralisierende Ratschläge von berufstätigen Angehörigen, Bekannten und Fremden anhören. Doch dieses Moralisieren sei nicht nur völlig deplaziert und wenig weiterführend, sagt Schmidts, es sei geradezu schädlich für den Betroffenen (siehe dazu auch die Bemerkungen von Reinhard Tausch über »Gespräche mit verständnisvollen Mitmenschen«, Seite 156–158).

Kampf gegen Selbstzweifel
Der Arbeitslose gerät, je länger seine Situation anhält, unweigerlich in einen Teufelskreislauf psychischer Selbstabwertung. Die Hartz-IV-Empfängerin Natascha W. spricht von einem »Gefühl der Leere und Langeweile, das sich irgendwann einstellt.« Und sie fährt fort: »Man fühlt sich schnell überflüssig, wenn man nur rumhängt.«
Es gibt keinen Arbeitslosen, der deswegen nicht tiefe Schuldgefühle entwickelt. Die arbeitslose Grafikerin Claudia M. glaubt: »Ich habe nicht alles unternommen, was nötig ist.« Natascha W. sagt: »Irgendwann war der

Punkt da, wo es zum Normalzustand wurde, nichts zu tun zu haben. Ich habe mich mit dieser Situation arrangiert, und ich habe auch nicht viel getan, um sie zu verändern.« Der 24-jährige Frank S. antwortet auf die Frage, ob er glaubt, dass man durch Hartz IV etwas fauler wird: »Na ja, vielleicht liegt das auch einfach an mir. Aber wenn man sich erst mal an diese Situation gewöhnt, ist es schon schwer, da wieder rauszukommen.« Es ist also keineswegs so, dass es den Arbeitslosen gut geht in ihrer Lage. Das Gegenteil ist der Fall. Arbeitslosigkeit wird als Kränkung empfunden. Das Selbstwertgefühl sinkt kontinuierlich weiter, je länger der Zustand dauert und mit jeder Absage, die man bekommt. Die Selbstzweifel nehmen zu. Und damit verbunden der mentale Stress und die Depressionen. Dass das frühmorgendliche Aufstehen dann schwerfällt, ist allzu verständlich. Dass das von Schuldgefühlen begleitet wird, erklärt der Psychoanalytiker Schmidts so: »Ein Großteil der Resignation wird bestimmt durch eine Identifikation mit dem Elend, das darin besteht, dass man es ja gar nicht anders verdient habe und selbst schuld sei. Es gibt diesen fatalen psychologischen Mechanismus im menschlichen Leben, der darin besteht, dass man die Ablehnung – und Arbeitslosigkeit wird zweifellos als gesellschaftliche Ablehnung erfahren – verinnerlicht und sich unbewusst zu eigen macht. Und das wiederum kann zu einer dauerhaften Festsetzung bzw. Verlängerung der Arbeitslosigkeit führen.«
Der Psychologe Reinhard Tausch macht in seinem Buch *Hilfen bei Stress und Belastung* darauf aufmerksam, dass es Ereignisse gibt, in denen der Wille blockiert und gehemmt ist, Phasen also, in denen man allein mit dem Willen nichts ausrichten kann. Und er begründet das mit physiologischen Abläufen.
Er schreibt: »Haben wir negative Gedanken, fühlen wir uns seelisch beeinträchtigt oder verletzt, grübeln wir

über ein schwieriges Ereignis, empfinden wir Ärger, Feindseligkeit oder Wut, dann können wir dies mit dem Willen allein schwer ändern. Denn die negativen Gedanken alarmieren das Sympathische Nervensystem; und so sind wir überwiegend auf das Bedrohliche und Nachteilige in unserer Umwelt und bei uns selbst gerichtet; intensive Gefühle von Erregung, Ärger oder Angst behindern unser Denken« (Reinhard Tausch in seinem Buch *Hilfen bei Stress und Belastung*, Seite 150; ausführlicher siehe unten Seite 155–164). Welche physiologischen Konsequenzen eine längerfristige oder chronische Alarmierung des Sympathischen Nervensystems hat, kann man sich leicht ausmalen.

Die Aussage von Volker Kauder, dem Vorsitzenden der CDU/CSU-Bundestagsfraktion: »Es darf nicht der Eindruck entstehen, in Deutschland bekommt man als Arbeitsfähiger eine Grundsicherung und kann den ganzen Tag im Bett liegen«, zeugt also nicht nur von einem mangelnden, sondern von einem gänzlich fehlenden Verständnis der Situation, in der sich ein Langzeitarbeitsloser – und das sind die meisten Hartz-IV-Empfänger – befindet. Es handelt sich hier um eine völlige Verkennung der Tatsachen. Vorstellungen wie die von Kauder sind leider weitverbreitet, nicht nur unter Politikern. Auch das von Wolfgang Clement zur Einführung von Hartz IV verkündete Ziel, »Menschen in Arbeit zu bringen«, ist zu kurz gegriffen und zu mechanistisch gedacht. Zunächst geht es darum, erst einmal wieder arbeitsfähig zu werden und das Selbstwertgefühl zu steigern. Manche brauchen hier sicher eine intensivere Unterstützung als andere. Die Einrichtung eines persönlichen Ansprechpartners und eines Fallmanagements ist ein Schritt in die richtige Richtung. Eine auf den Einzelnen abgestimmte individuelle Betreuung, die der Betroffene auch einfordern sollte, ist grundlegend wichtig.

»Es geht eigentlich erst einmal darum, statt eines negativen Selbstwertgefühls, einer Hoffnungslosigkeit und einer depressiven Haltung mühevoll eine Zukunftsorientierung zu erarbeiten«, sagt der Analytiker Rolf Schmidts. Er hält ein »Coaching«, das in vielen Tätigkeitsbereichen (z. B. auch im Fußball) heute bereits zum Standard gehört, für unerlässlich. Ein Coaching fördere die Kommunikations- und Leistungsfähigkeit des Einzelnen. Nach Ansicht von Schmidts bräuchten auch die Fallmanager ein solches Coaching.

»Jeder Arbeitslose hat Ressourcen und Fähigkeiten, die er mobilisieren kann – aber nur, wenn man ihm dazu verhilft«, stellt Schmidts fest. Und er fährt fort: »Es geht nicht um eine Verurteilung. Eine Verurteilung verschlimmert die Situation in der Regel massiv. Es kommt sozusagen zur Kränkung durch die Arbeitslosigkeit noch die Beleidigung hinzu.«

Schmidts verweist auch auf die Bedeutung des sozialen Kontakts und des Austauschs mit anderen: »Man muss bedenken, dass sich Menschen in dieser Situation auch dafür schämen, dass sie das internalisierte Soll, nämlich in Arbeit zu kommen, nicht erreichen. Die Leute suchen andere Menschen manchmal gar nicht mehr auf, weil sie Angst haben vor Kontakten und vor der Offenbarung ihres Erniedrigt- und Beleidigtseins. Vereinsamung und Isolation nehmen dann weiter zu. Und Kontakte und offene Gespräche sind gerade für Arbeitsuchende so elementar wichtig.«

Geradezu vorbildlich ist ein im Mai 2004 ins Leben gerufenes Projekt der Agentur für Arbeit in Traunstein. Das bundesweit bisher einzigartige Projekt mit dem Namen DAGI (**D**ynamisch, **A**ktiv, **G**emeinsam, **I**ntegrieren) verfolgt das Ziel, arbeitslose Jugendliche für den Eintritt in die Arbeitswelt vorzubereiten. In einem alten Traunsteiner Bahnhofsgebäude treffen sich von Montag bis Freitag etwa 100 junge Arbeitslose unter

25 Jahren, um sich bei der Arbeitssuche gegenseitig zu unterstützen und sich zu motivieren, auch dann, wenn es dem Einzelnen mal nicht so gut geht. Einzigartig ist das Projekt nicht nur deswegen, weil es ein Trainingscenter und Bewerbungstraining umfasst, sondern auch weil es hier verschiedene Tätigkeitsbereiche (Job Office, Werkstätten, Hotel- und Gaststättenbereich) gibt, in denen sich die Jugendlichen in Eigenregie auf das Berufsleben vorbereiten und inspirieren lassen können. Der Erfolg gibt ihnen recht: Bisher wurden fast 1000 Jugendliche über die DAGI vermittelt, und die Jugendarbeitslosigkeit ist im Gegensatz zu der anderer Jahrgänge im Kreis Traunstein deutlich gesunken. Man würde sich bundesweit mehr solche Projekte, auch für ältere Langzeitarbeitslose, wünschen.

Trotzdem fit bleiben – was Sie tun können

Arbeitslosigkeit ist Stress pur. Achten Sie, auch wenn's schwer fällt, auf Ihre Gesundheit! Arbeitslose haben generell einen schlechteren Gesundheitszustand als die Allgemeinbevölkerung. Zu diesem Schluss kommt das Robert-Koch-Institut nach einer statistischen Auswertung von medizinisch-soziologischen Daten u. a. der Krankenkassen. Eine »Selbstbehandlung mit Bewegung«, z. B. leichtes Laufen oder langsames, regelmäßiges Radfahren sind ein idealer Weg, um Stress abzubauen und abzuschalten. Am besten, wenn Sie Ihr Rad einfach »rollen« lassen und in gleichmäßigen Bewegungen in die Pedale treten. Ohne Leistungsdruck, jeden Tag eine halbe Stunde. Auch Entspannungsübungen (siehe Seite 158–160) können helfen, das mentale Gleichgewicht, das so vielen Arbeitslosen mit der Zeit abhandenkommt, zurückzuerlangen und die negativen Gedanken und Sorgen zu kanalisieren.

Und nehmen Sie sich bewusst und ohne schlechtes Gewissen Zeit für entspannende Freizeitaktivitäten und Muße. Treffen Sie sich mit Freunden zum Skat oder ähnliches. Sie brauchen das nötiger denn je.
Scheuen Sie sich auch nicht, Hilfe in Anspruch zu nehmen, falls Ihre negativen Gedanken, Ihre Hoffnungslosigkeit und Depressionen, die normal sind in dieser Situation und die fast allen Arbeitslosen zu schaffen machen, länger andauern und Sie daran hindern, wieder Tritt zu fassen. Sprechen Sie auch darüber mit Ihrem Fallmanager und suchen Sie ggf. auch psychotherapeutische Hilfe oder eine Selbsthilfegruppe auf. Wenn Sie hier nicht selbst initiativ werden wollen oder können – lassen Sie sich von Ihrem Fallmanager geeignete Adressen geben. Gerade bei Hemmnissen, die die Arbeitsaufnahme erschweren, ist es seine Pflicht, Sie auf jede nur erdenkliche Weise zu unterstützen. Hilfe und Rat bietet auch die Arbeitslosentelefonhilfe (www.arbeitslosen-telefonhilfe.de). Die telefonische Beratung ist kostenlos und vertraulich. Und die Berater rufen Sie auch gern zurück. Andere mögliche Anlaufstellen sind die örtlichen Arbeitslosenzentren und gemeinnützige Dienste der Kirchen.
Gute Freunde sind das beste Mittel gegen Trübsal und Hoffnungslosigkeit. Gerade in Krisenzeiten wie der Arbeitslosigkeit sind gute menschliche Kontakte lebenswichtig (siehe Seite 161–164). Das machen auch die Interviews dieses Buches deutlich. Doch leider ziehen sich viele Arbeitslose zusehends zurück und isolieren sich.
»Während einer Krise oder Depression zieht sich der Betroffene häufig zurück und tut genau das nicht, was er unbedingt tun sollte, nämlich sich mit Freunden zu unterreden und zu beratschlagen und gemeinsame Erfahrungen auszutauschen. Denn das ist eines der wichtigsten Ermutigungsmittel«, sagt der Psychoanalytiker

Rolf Schmidts. Pflegen Sie deshalb auch weiterhin Ihre sozialen Kontakte, auch wenn es Ihnen zuweilen schwerfällt!

»Je mehr man sich daran gewöhnt, nichts zu machen, desto schwieriger wird es (...). Aus diesem Grund habe ich mich gezwungen, Sport zu treiben und nicht später als halb neun morgens aufzustehen. (...) Ich habe stets darauf geachtet, dass ich auch außer Haus etwas zu erledigen habe, um erst abends, wie nach einem normalen Arbeitstag, nach Hause zurückzukehren. Und auch zu Hause habe ich versucht, mir einen Plan zu machen (...)«, erzählt die ehemalige Hartz-IV-Empfängerin Susanne K. Ein geregelter Tagesablauf kann auch in schwierigen Zeiten Halt geben. Feste Termine und Rhythmen, auch ganz alltägliche Rituale wie das Frühstück o. Ä. strukturieren den Tag, der durch die Arbeitslosigkeit aus dem Takt geraten ist.

Machen Sie Ihrem Fallmanager klar, dass Sie nicht irgendeine Arbeit finden wollen, sondern eine, die zu Ihnen passt, die Ihren Fähigkeiten entspricht und aus der Sie Befriedigung ziehen.

Arbeit ist nicht nur eine Funktion, sondern auch ein Dasein. Und langfristig hat nur derjenige Erfolg, der in seiner Tätigkeit aufgeht. Das belegen die Aussagen erfolgreicher Menschen.

Die Autoren Sabine Meck und Johann Landes haben in ihrem Buch *Das Rätsel Erfolg. Auf den Spuren eines Phänomens* (Darmstadt 2004) Aussagen aus Ratgebern zum Thema zusammengestellt, denen wiederum jahrelange Umfragen unter besonders erfolgreichen Menschen zugrunde liegen.

Übereinstimmendes Resümee: Wähle einen Beruf, den du liebst, der dir etwas bedeutet, in dem du voller Leidenschaft arbeiten kannst. Die Leidenschaft, Freude und Begeisterung an einer Tätigkeit gilt ihnen definitiv als Grundlage des Erfolges.

Jobbörsen im Netz

Das Angebot von Jobbörsen im Internet ist fast unüberschaubar und ständig im Wechsel begriffen. Im Folgenden eine Auswahl der größten und übersichtlichsten Jobbörsen. Der User kann hier je nach Bedarf nach Branchen, einzelnen Berufen, Regionen oder anderen Kriterien suchen. Immer ist Schlagwort- oder Volltextsuche möglich. Meist lässt sich auch die eigene Kurzbewerbung (inkl. Lebenslauf) kostenlos hinterlegen. Vielfach werden Sie dann per E-Mail regelmäßig über zu Ihrem Profil passende Jobangebote automatisch informiert. Viele Jobbörsen – die am häufigsten besuchte ist der »virtuelle Arbeitsmarkt« der Bundesagentur für Arbeit – bieten auch Bewerbungstipps und andere zusätzliche Informationen rund um die Jobsuche.

www.jobrobot.de
Metasuchmachine mit 200 Job-Sites und über 170 000 Jobangeboten
www.zeit.de/jobs/index
Durchsucht täglich etwa 900 Stellenmärkte und Websites von Universitäten und Firmen

Weitere Jobbörsen:

www.arbeitsagentur.de (»virtueller Arbeitsmarkt«)
www.stellenanzeigen.de
www.jobscout24.de
www.jobpilot.de
www.jobs.de
www.stellenmarkt.de
www.jobware.de
www.stepstone.de
www.monster.de

Nutzen Sie die Weiterbildungsangebote der Bundesagentur für Arbeit! Aber achten Sie darauf, dass es keine vorgestanzten Programme sind. Die Weiterbildungsmaßnahme sollte auf Ihre individuellen Fähigkeiten und Bedürfnisse zugeschnitten sein. Je höher Ihre Motivation, umso höher ist Ihr Lernerfolg. Zur Aus- und Weiterbildungsdatenbank KURS der Bundesagentur für Arbeit, die über mehr als eine halbe Million Veranstaltungen informiert, gelangen Sie über www.arbeitsagentur.de. Es gibt noch zahlreiche andere Weiterbildungsdatenbanken im Netz. Auch könnten Sie beispielsweise die Kurse der Volkshochschule (www.meine-vhs.de) nutzen. Die VHS gewährt Arbeitslosen bis zu 50 Prozent Ermäßigung. Oder besuchen Sie Vorlesungen der Universitäten. Zulassungskontrollen zu Vorlesungen gibt es in der Regel nicht. Holen Sie sich einen ermäßigten Mitgliedsausweis in Ihrer Stadtbibliothek, und lesen Sie das, was Sie schon immer mal lesen wollten. Dort gibt es im Übrigen ein breites Angebot an aktuellen Zeitungen und Zeitschriften. Nutzen Sie die schier unbegrenzten Möglichkeiten des World Wide Web. Auf der Website www.internet.fuer.alle.de gibt es zahlreiche Tipps und Hinweise zur Internetnutzung sowie eine umfangreiche Datenbank öffentlicher (kostenpflichtiger und unentgeltlicher) Internetzugänge in ganz Deutschland.

Versuchen Sie einmal, die Krise der Arbeitslosigkeit als Chance zu sehen. In jeder Krise (das griechische Wort »krisis« bedeutet auch »Entscheidung« und »Wahl«) steckt auch eine Chance zum Neuanfang. Denken Sie darüber nach, welche Fähigkeiten und Talente Sie haben (Wo haben Sie Lob und Anerkennung erfahren?), was Sie wirklich interessiert, was Ihnen Spaß macht, für was Sie sich schon immer begeistern und für was Sie Leidenschaft entwickeln können. Welche Talente und Fähigkeiten haben Sie schon lange brachliegen lassen? In welchen Tätigkeiten gehen Sie ganz und gar auf? Es sind gerade diese, in denen Sie am kreativsten, konzentriertesten und zu Besonderem fähig sind. Es sind die Tätigkeiten, die Sie zufrieden und die ihr Leben lebenswert machen. Man nennt das auch »intrinsische Motivation«.

Intrinsische Motivation

Psychologen sehen in der intrinsischen Motivation die Quelle der Glückseligkeit. Jemand, der etwas aus »intrinsischen« Motiven tut, handelt aus ihm eigenen innerlichen Antrieben. Er ist in der Lage, sich sehr intensiv in eine Tätigkeit zu versenken und daraus höchste Zufriedenheit zu beziehen.

Das Gegenteil ist »extrinsisch«, und es bezieht sich auf Aktivitäten und Anregungen, die von außen kommen. Das meiste, was wir im Leben tun, geschieht aus extrinsischen Motiven. Das heißt, es hat nachgeordnete Gründe und Ziele. Wer tagtäglich um acht Uhr an seiner Arbeitsstätte erscheint und den Anweisungen seines Vorgesetzten folgt, handelt aus extrinsischen Motiven. Im Prinzip hat jede berufliche Tätigkeit, die dem finanziellen Unterhalt dient, extrinsische Beweggründe.

Doch wo und wann können wir nun dieses angeblich so beglückende intrinsische Gefühl erleben? Was macht es aus? Welche Voraussetzungen müssen wir erfüllen, um in den Genuss desselben zu kommen? Denn mit Genuss hat es zu tun, das sagen die Psychologen. Zunächst einmal: Egal ob Alt oder Jung, jeder kann es erleben. Es ist ein Grundbedürfnis jedes Menschen. Auch wenn es manche Menschen in unserer gehetzten und automatisierten Zeit scheinbar verlernt haben, es lässt sich reaktivieren und trainieren.

Erlebbar ist es sowohl in der Freizeit als auch im Beruf, im besten Fall also auch während einer vorwiegend extrinsischen Tätigkeit.

Der Psychologieprofessor Mihaly Czikszentmihalyi (korrekt ausgesprochen: »Tschiksentmihail«) erforscht seit einigen Jahrzehnten die intrinsische Motivation. Und er ist damit berühmt geworden, er gilt als unumstrittene Koryphäe auf diesem Gebiet. Czikszentmihalyi hat zahlreiche Menschen interviewt und gefragt, wann sie in ihrem Tun größtmögliche Erfüllung und wahre Glücksgefühle erleben und wie sich diese bemerkbar machen. So zitiert er einen Tänzer, der über sein Empfinden während eines gelungenen Auftritts sagt: »Deine Konzentration ist vollständig. Deine Gedanken wandern nicht herum, Du denkst an nichts anderes: Du bist total in Deinem Tun absorbiert. In Deinem Körper hast Du ein gutes Gefühl. Du bemerkst nicht die geringste Steifheit. Der Körper ist überall wach. Kein Bereich, wo Du Dich blockiert oder steif fühltest. Deine Energie fließt sehr leicht. Du fühlst Dich entspannt, angenehm und energievoll.«

Eine Komponistin beschreibt ihr Tun so: »Wenn ich einmal in Schwung komme, bin ich der Umwelt gegenüber wirklich ziemlich gleichgültig. Ich glaube, das Telefon könnte Sturm läuten und die Hausglocke dazu, das Haus könnte abbrennen oder etwas Ähnliches passieren (…). Wenn ich mit meiner Arbeit anfange, schließe ich den Rest der Welt richtiggehend aus. Wenn ich aufhöre, kann ich die Welt wieder hereinlassen.« (Mihaly Czikszentmihalyi, *Das Flow-Erlebnis*, Klett-Cotta, Stuttgart, 9. Auflage 2005, 63, 65)

Czikszentmihalyi hat das Hochgefühl, das Tänzer und Komponistin so eindrücklich beschreiben, als *flow* (fließen) bezeichnet. Wer sich im Zustand des *flow* befindet, geht völlig in seiner Tätigkeit auf. Er ist derart konzentriert und versunken, dass er vorübergehend nicht nur Zeit und Raum vergisst, sondern auch sich selbst. In diesem Zustand stellt sich ein Gefühl unbändiger Freude und großer Zufriedenheit ein. Eins gibt das andere, ohne dass man viel dafür tun muss. Man muss nicht Wissenschaftler oder Künstler sein, um *flow* zu erleben. *Flow* kann sich bei jeder Aktivität einstellen, z.B. beim Kochen, der Gartenarbeit, bei Sport und Spiel.

Professor Czikszentmihalyi ist überzeugt: Das Geheimnis eines erfüllten Lebens besteht darin, dass man lernt, *flow* bei möglichst vielen Aktivitäten zu empfinden.

Um in einer Tätigkeit völlig aufgehen zu können, muss sie Spaß machen, und sie darf uns weder unter- noch überfordern. Wichtig ist, dass wir die Tätigkeit beherrschen, sie unseren Fähigkeiten entspricht und wir an ihr »wachsen« können. Anders als bei reinen Vergnügungen, einem guten Essen etwa oder einem unterhaltsamen Fernsehabend – so sehr sie auch zu unserer Lebensqualität beitragen können – gelingt *flow* nur, wenn wir aktiv werden.

Die Flow-Theorie Czikszentmihalyis ist eingebettet in die Kreativitätsforschung der letzten Jahrzehnte. Während zu Freuds Zeiten Kreativität vor allem als das Privileg und Merkmal von Künstlern galt, ist man heute davon überzeugt, dass Kreativität eine grundlegende Eigenschaft aller Lebewesen ist. Schöpferisches Handeln und Denken ist in jedem von uns angelegt. Jeder Mensch ist von Geburt an potenziell kreativ. Nur leider wird diese Eigenschaft oftmals behindert durch eine restriktive Erziehung und die Regeln der Nützlichkeit und Rationalität, die in späteren Jahren die Oberhand gewinnen. Wer spielenden Kindern zuschaut, wer sieht, wie sie sich in ihr Spiel versenken, wie sie dabei jegliches Zeitgefühl verlieren, wie selbstvergessen und konzentriert sie ans Werk gehen, der erkennt das Wesen und den Wert der Kreativität. Und er kann beobachten, wie belohnend intrinsisches Verhalten sein kann. Kinder können den extremen Kreativitätszustand des *flow* viel leichter erreichen als Erwachsene. Und es ist auch kein Zufall, dass alle kreativen Erfahrungen Spielerlebnissen ähneln und viele spielerische Elemente enthalten. Der englische Kinderarzt und Psychoanalytiker Donald W. Winnicott hält das Spiel nicht nur für erfüllend und kreativitätsfördernd, für ihn ist Spiel Ausdruck von Gesundheit.

Auch wenn es vielen schwerfällt, während der Arbeitslosigkeit *flow* zu empfinden und die eigene Kreativität zu leben, so kann man dennoch etwas tun, die kreativen Glückspotenziale zu fördern. Glücks- und Kreativitätsforscher sind sich darin einig, dass in jedem Menschen kreative Fähigkeiten schlummern, die zu beleben und zu trainieren sich lohnt. Denn das erhöht die individuelle Autonomie und damit auch die Lebenszufriedenheit. Und vielleicht finden Sie gerade über das Leben Ihrer vielleicht schon verschüttet geglaubten Talente und Fähigkeiten irgendwann auch wieder einen neuen Job.

Interview mit Natascha W., 23 Jahre alt, Hartz-IV-Empfängerin

Seit wann bekommst du staatliche Hilfe?
Seit ca. 2003 habe ich ergänzende Sozialhilfe bekommen, zusätzlich zu einem 400-Euro-Job. Alles, was ich darüber hinaus an Kosten hatte, hat das Sozialamt gezahlt.
Seit 2005 erhalte ich ALG II.

Wie ist es zur Arbeitslosigkeit gekommen?
Im März 2002 habe ich meine Ausbildung abgebrochen, weil es mir zu der Zeit psychisch ziemlich mies ging. Dinge wie Arbeit und Zukunft hatten damals nicht viel Bedeutung für mich.

Wie geht es dir zur Zeit?
?????

Was ist für dich zur Zeit das größte Problem?
Ein Gefühl der Leere und Langeweile hat sich irgendwann eingestellt. Man fühlt sich schnell überflüssig, wenn man nur rumhängt.

Wie wirst du mit der Situation fertig?
Ich versuche es auszuhalten, allerdings gab es schon Zeiten, wo es sehr heftig war.

Hilft dir deine Familie bei der Bewältigung der Probleme?
Ich habe wenig Kontakt zu meinen Eltern. Meine Oma unterstützt mich ab und an finanziell.

Bist du manchmal auf Freunde angewiesen?
Ja, vor allem Ende des Monats (oder auch früher) muss ich mir Geld leihen.

Was hat sich durch die Arbeitslosigkeit verändert?
Mein Konsumverhalten hat sich verändert. Ich bin gezwungen, genau zu überlegen, für was ich Geld ausgebe.

Hat sich irgendwas verbessert?
Weniger Konsum finde ich nicht unbedingt nur schlecht.
Es war mir früher gar nicht bewusst, für was ich alles Geld ausgebe.

Wie sieht dein Tagesablauf aus?
Momentan geregelt. Ich mache seit drei Monaten ein Praktikum, hatte davor oft Phasen, wo ich nur in den Tag hinein gelebt habe und viel ausgegangen bin.

Bist du durch die Arbeitslosenhilfe etwas fauler geworden?
Definitiv ja.
Irgendwann war der Punkt da, wo es zum Normalzustand wurde, nichts zu tun zu haben.
Ich habe mich mit dieser Situation arrangiert, und ich habe auch nicht viel getan, um sie zu verändern.

Kommst du mit der Arbeitsagentur zurecht?
Im Prinzip schon, wohl auch nur, weil ich mich selbst genau über meine Ansprüche informiert habe. Ich habe festgestellt, dass das notwendig ist.

Wie ist dein Verhältnis zu deinem sogenannten Fallmanager?
Es ist okay.

Wirst du deiner Meinung nach genug gefördert?
Das kann ich nicht sagen, da ich momentan an einer Reha-Maßnahme teilnehme.

Geht die Arbeitsagentur bei der Jobsuche auf deine persönlichen Wünsche und Interessen ein?
Bedingt.

Musstest du bereits Jobs annehmen, die du nicht wolltest?
Ich wurde zu Vorstellungsgesprächen in Firmen geschickt, wo mir sofort klar war, dass ich nicht viel dafür tun würde, um den Job zu bekommen.

Hast du irgendwelche Nebenjobs?
Momentan nicht.

Was tust du, um mit dem wenigen Geld klarzukommen?
Man wird erfinderisch.
Irgendwie kommt man einfach immer wieder über die Runden.
Ich werde wie oben erwähnt ab und an von meiner Oma unterstützt.

Wie wirkt sich die Geldknappheit auf dein Leben aus? Wo sind Abstriche zu machen?
Man muss überall sparen, darf keine Spontankäufe machen.
Ich spare oft am Essen.
Oft ist nicht mal Kino oder Ähnliches drin.

Hältst du das Geld, das du vom Staat kriegst, für angemessen?
Nein, es ist zu wenig.

Was glaubst du, wie geht es für dich weiter?
Ich habe vor, im April wieder zur Schule zu gehen und das Abitur nachzuholen.
Also habe ich im Moment eine Perspektive für die nächsten drei Jahre.

Georg Kiefner

Nutzen Sie die Energien, die in Ihnen stecken

Menschen, die ihre Zukunft selbst gestalten wollen, müssen auf die Entwicklungsprozesse, die sich ständig erneuern, eingehen. Sie müssen wissen, dass es heute weder gesicherte Arbeitsplätze noch gesicherte Einkommensverhältnisse gibt. Dass nichts mehr einem gesicherten Automatismus unterliegt und dass man selbst aktiv werden muss, wenn man etwas bewegen will. Menschen mit unsicheren Arbeitsplätzen oder Hartz-IV-Empfänger werden nur dann erfolgreich sein, wenn sie die Zeit herausfordern, Entwicklungen in die eigenen Hände nehmen und eigene schöpferische Kräfte entwickeln.
Menschen, die ihr Leben, ihre Arbeits- und ihre Sichtweise zur Routine verkommen lassen, können nicht gewinnen. Flexibilität, Ideen und Können sind heute nötiger denn je. Setzen Sie auf Ihre Fähigkeiten, und lernen Sie, erfolgreich zu sein.
Sicher ist, dass in jedem gesunden Menschen Potenziale einer erfolgreichen Laufbahn stecken. Jeder muss für sich selbst entscheiden, ob er diese Chancen annehmen oder in der Warteschleife verweilen will.
Sicher ist auch, dass sich ohne Leistungsbereitschaft keine Erfolge einstellen werden. Überlassen Sie deshalb nichts dem Zufall. Investieren Sie in Ihre Person, und sorgen Sie so für eine ständige Weiterentwicklung und Ihren Aufstieg.
Nutzen Sie die Möglichkeiten, die in Ihnen stecken und die Ihnen Ihr Beruf bietet. Nutzen Sie die Energien, die in Ihnen stecken. Dabei möchte ich insbesondere diejenigen ermutigen, am Erfolg teilzunehmen, die schon resignieren oder glauben, den Anschluss verpasst zu haben. Oftmals ist es ein Teufelskreis, den es zu durch-

brechen gilt: Je negativer man dabei denkt, desto schneller verpasst man den Anschluss und umso eher neigt man dazu, auf alles ablehnend zu reagieren, sich dabei immer mehr zu verschließen und im Extremfall sogar aufzugeben. Solche Reaktionen sind teilweise sogar verständlich, aber falsch. Statt mit sich zu hadern oder aufzustecken, muss man das Ruder herumreißen, etwas tun und in sich den Wunsch mobilisieren, am Erfolg teilzuhaben, sich selbst eine Chance zu geben.
Machen Sie lieber einmal Fehler, bevor Sie Entscheidungen immer wieder hinausschieben.
Wenn Sie überzeugt sind, eine gute Idee zu haben, dann sollten Sie unverzüglich ans Werk gehen und diese auch umsetzen.
Ich kenne viele Menschen, die mit ihren privaten oder beruflichen Entwicklungen unzufrieden sind. Da sie trotz Unzufriedenheit keine Entscheidungen treffen, haben sie vermutlich Angst, falsche Entscheidungen zu treffen. Sie sehen in jeder Entscheidung Probleme und Risiken statt Chancen und neue Möglichkeiten und werden sich so nie aus ihrem Jammertal lösen.
Natürlich setzt jede Entscheidung positive oder negative Werdegänge in Gang. Eine falsche Entscheidung zu treffen ist aber weniger schlimm, als nicht zu handeln. Zudem können Korrekturen vorgenommen werden, wenn die Entwicklungen anders verlaufen als angenommen. Wer aus Fehlern lernt und diese Erfahrungen in seine Strategien einbaut, ist auf dem besten Wege, aus Fehlern einen Erfolg zu machen. Jeder muss für sich selbst entscheiden, welche Richtung er seinem Leben gibt und wofür er seine Energien einsetzen will.
Denken Sie positiv. Die Unterschiede zwischen negativ und positiv denkenden Menschen liegen darin, dass sich negativ Denkende jede Erfolgschance nehmen, positiv Denkende ungeahnte Energien freisetzen und am Erfolg teilnehmen.

Im Urlaub lernte ich einen fünfjährigen Jungen kennen, der eines Morgens für sich beschloss, dass er schwimmen kann. Er sprang ins Wasser und schwamm. Das war's. Der Erfolg muss klar vor Augen sein. Er muss geplant und gewollt sein. Das Unterbewusstsein muss sagen, das kann ich, dann funktioniert es auch. Der Junge, angespornt von seinem größeren Bruder, der bereits schwimmen konnte, hatte sich innerlich längst auf sein Ziel vorbereitet und seinen Wunsch unauslöschlich eingeprägt. Die Ausführung war nur noch Formsache.

Menschen, die immer mit einem negativen Ausgang rechnen, werden im Leben nicht selten Fehlschläge erleben. Zu den größten Erfolgshindernissen gehört nämlich eine negative Selbsteinschätzung. Menschen, die glauben, dass man für dieses oder jenes nicht intelligent oder nicht kompetent genug ist, geben oftmals viel zu früh auf. Diese Menschen fühlen sich vom Glück verlassen und vom Unglück verfolgt – registrieren aber nicht, dass sie nur die negativen Schwingungen und nicht die positiven aufnehmen. Sagen Sie, was Sie wollen, dann können Sie es auch.

Menschen, die den Erfolg wollen, sind immer in Bewegung. Statt sich treiben zu lassen, peilen sie Ziele an. Wer sagt, ich kann nicht, und bereits beim ersten misslungenen Versuch aufgibt, der will nicht. Machen Sie nicht denselben Fehler! Machen Sie Unmögliches möglich.

Es steht außer Frage, dass in jedem von uns, auch in Ihnen, ein kleiner Macher steckt. Machen Sie etwas aus Ihrem Leben! Denken Sie nicht zu kompliziert, hoffen Sie nicht auf Patentrezepte, die es nicht gibt. Setzen Sie auf die Strategie des schnellen Handelns. Lassen Sie sich motivieren, neue Marktlücken zu entdecken. Leben Sie Ihren Traum! Wenn dieser Traum die Selbstständigkeit sein sollte, dann handeln Sie! Lassen Sie sich aber in keinen Schuh pressen, der Ihnen nicht passt.

Entwickeln Sie Eigeninitiative! Gehen Sie neue Ziele an! Nehmen Sie Ihre Entwicklungen in die eigenen Hände. Greifen Sie Anregungen auf, und entwickeln Sie Zivilcourage! Leben Sie Ihren Enthusiasmus und Ihre Begeisterung. Treffen Sie eigene Entscheidungen, und geben Sie sich nicht schon beim geringsten Widerstand geschlagen. Nutzen Sie die in jeder Krise steckende Chance!

Je mehr und je besser es jemand versteht, Gewohntes immer wieder neu zu sehen, eingefahrene Strukturen, Abläufe und »Spielregeln« immer wieder zur Diskussion zu stellen, sich auf neue Experimente und Herausforderungen einzulassen und Dinge in Bewegung zu setzen, die er vorher noch nie gemacht hat, umso mehr Aufmerksamkeit wird er erregen.

Verschwenden Sie keinen Gedanken daran, dass Sie eventuell zu wenig wissen oder zu wenig können! Große Persönlichkeiten haben sich nicht nur deshalb einen Namen gemacht, weil sie über mehr Wissen oder über besondere Fähigkeiten verfügen. Sie haben sich einen Namen gemacht, weil sie aus dem Mittelmaß ausgebrochen sind, ihre Erfolge nicht selbst verzögerten und mehr gewagt haben.

Um Erfolg zu haben, muss man kein Genie sein. Viel wichtiger ist es, dass man seine Lähmungserscheinungen überwindet und aktiv handelt. Dass man immer wieder von vorne beginnt und sein Glück zwingt. Dabei gibt es auch kein »zu jung« oder »zu alt«. Wer sich hinter seiner Jugend oder seinem Alter versteckt, sucht ein Alibi für seine mangelnden Aktivitäten. Menschen, die sich am Leben erfreuen und aktiv handeln, können mit 70 Jahren jung, Menschen ohne Faszination mit 17 Jahren alt sein. Bestärken Sie sich in Ihrem Wunsch, erfolgreich zu sein. Setzen Sie auf Ihre Stärken, und messen Sie Ihren Schwächen keine allzu große Bedeutung bei. Belassen Sie es nicht beim Wunsch, ein neues erfolgreiches Leben zu beginnen. Der Wunsch alleine reicht nicht aus. Wichtig ist, Vorhaben nicht auf die lange Bank zu schieben, sondern unverzüglich und mit aller Konsequenz anzugehen.

Die immer schnellere Veränderung unserer Welt, die auch das Arbeitsleben betrifft, verlangt unentwegt neue Strategien, verschiedenartigste Weiterbildungs- und Ausbildungsmaßnahmen usw. In der Geschwindigkeit liegt aber auch großes, erfolgversprechendes Potenzial.

Erfolg wird nur derjenige haben, der sich ständig auf neue Herausforderungen einlässt und sein bisheriges, weniger erfolgreiches Leben ohne Rückzug hinter sich lässt.

Georg Kiefner machte sich bereits im Alter von 20 Jahren als Friseurmeister selbstständig und gehörte schon bald zu den berühmtesten und angesehensten Hairstylisten Deutschlands. Fernsehauftritte und Publikationen in internationalen Modejournalen machten ihn weithin bekannt. Heute ist er als Unternehmensberater und Motivationstrainer tätig.

Reinhard Tausch

Hilfen bei Stress und Belastung
Was wir für unsere Gesundheit tun können

Dieses Kapitel ist ein Auszug aus dem gleichnamigen Buch des Psychologen Reinhard Tausch.

Gespräche mit verständnisvollen Mitmenschen
In mehreren Untersuchungen fragten wir Personen, was sie bei seelischen Schwierigkeiten als hilfreich empfunden hätten, bei Stress-Belastungen, Ängsten, sorgenvollem Grübeln, Gewissensproblemen, Schuldgefühlen und schweren Schicksalsschlägen. 60 bis 80 Prozent der Befragten nannten als hilfreich: Gespräche mit verständnisvollen Mitmenschen, mit Freunden, dem Partner, Kollegen, Mitgliedern einer Selbsthilfegruppe, der Telefonseelsorge u. a.
»Wenn ich Kontakt mit anderen Leuten habe und über mich rede, dann kommen mir andere Gedanken. Mit Menschen reden bedeutet für mich, andere Gesichtspunkte zu finden; es ist viel fruchtbarer, als allein zu grübeln.«
Eine Frau, 37, nach der Trennung ihrer 14-jährigen Ehe: »Es war für mich wichtig, dass ich mit Freunden über meine Probleme, über Wut und meinen Hass reden konnte. Auch wenn mir im Grunde genommen niemand helfen und mir meine Entscheidung abnehmen konnte, war es hilfreich, darüber zu sprechen.« (...)
Dagegen wurde es von den Befragten als erschwerend angegeben, wenn sie nicht über ihre Belastungen hatten sprechen können, weil sie keinen Gesprächspartner hatten oder sich nicht zu äußern vermochten: »Dass ich mich mit niemandem, der mein absolutes Vertrauen besaß, über die Ereignisse (...) austauschen konnte.«

Was ist wichtig, damit Gespräche als hilfreich und wirksam erfahren werden? Aus über 30-jähriger Praxis und Forschung in der Gesprächspsychotherapie des amerikanischen Psychologen Carl Rogers kann ich hierzu Stellung nehmen (...):
1. Der Gesprächspartner hört uns zu; er lässt uns unsere Belastungen aussprechen. (...)
2. Sie/er ist warm, zugewandt, respektiert-achtet uns, ist aufrichtig.
3. Sie ist einfühlsam und verständnisvoll, d. h., sie bemüht sich intensiv, unsere Gedanken und Gefühle zu verstehen, ohne zu bewerten, zu urteilen. Sie bemüht sich, unsere Welt mit unseren Augen zu sehen, stellt sich gleichsam »in unsere Schuhe«. Oft versteht sie mehr, als wir unbeholfen ausdrücken konnten.
4. Sie teilt uns das mit, was sie von unseren Gedanken und Gefühlen – von unseren mentalen Inhalten – verstanden hat, ohne Bewertung und Beurteilung.
5. Sie dirigiert – lenkt uns nicht, interpretiert uns nicht, drängt uns nicht ihre Bewertungen, Maßstäbe und Auffassungen auf.
6. Nach einiger Zeit gibt sie uns hilfreiche Informationen über Hilfen und Bewältigungsmöglichkeiten. Sie hilft uns, aktiv nach Lösungen zu suchen.
7. Sie motiviert uns, Lösungsmöglichkeiten konkret anzugehen.

Wie wirken sich hilfreiche Gespräche auf seelische Vorgänge aus?
Was geschieht in uns während und nach derartigen Gesprächen? ▸ Wir fühlen uns trotz unserer Schwächen und Fehler aufrichtig geachtet-respektiert sowie in unserem Erleben tief verstanden. Das sind wichtige positive Gefühlserfahrungen. Sie sind *gegensätzlich* zu unseren Ängsten, unserer Hoffnungs- und Mutlosigkeit, dem Gefühl des Alleinseins. Sie bewirken eine

seelisch-körperliche Entspannung, nachweisbar durch medizinische Messwerte während des Gesprächs sowie im Erleben. Diese seelisch-körperlichen Entspannungsvorgänge mindern negative Gefühle und Gedanken. »Es gibt einige Menschen, wenn ich mit denen spreche, fühle ich mich sehr entspannt. Diese Gespräche sind wertfrei, ich werde nicht verletzt.«

▶ Durch das Aussprechen der belastenden Gedanken, Vorstellungen und Bewertungen werden diese »greifbarer«. Im Gegensatz zu den sich überstürzenden und immer wiederholenden Grübel-Gedanken teilen wir dem Gesprächspartner relativ geordnet und langsam unser Erleben mit. Ein Mann, 38: »Situationen, die bei mir Ängste auslösen, seelische Überforderungen oder Kritik, die mich verletzt, bespreche ich mit meinen Freunden, um die Realität wieder zu sehen, die mir in diesen Belastungssituationen meist verlorengeht.«

▶ Aus dem Mund unseres Gesprächspartners hören wir in distanzierter Weise das, was wir äußerten. Zusammen mit den positiven Erfahrungen des Geachtetwerdens und Verstandenfühlens, der positiven Beziehung zum Gesprächspartner sowie der Angstminderung sehen wir allmählich das belastende Geschehen in etwas anderer Bedeutung und Sichtweise; irrationale (unvernünftige) Gedanken vermindern sich. Unsere Wahrnehmungen von den Schwierigkeiten und von uns selbst werden weniger einseitig und verzerrt. Die Blockierungen des Denkens werden geringer. Wir können uns selbst und die Schwierigkeiten besser klären. (...)

▶ Wir können uns und die Belastungen mehr akzeptieren, kämpfen weniger gegen sie an; so haben wir mehr Kraft für Änderungen. Eine Mutter und Lehrerin, 32: »Durch Gespräche kann ich besser die Realität akzeptieren, das, was ich nicht ändern kann; und ich bekämpfe dann die Umstände und andere Menschen nicht so.«

▸ Rückmeldungen vom Gesprächspartner über uns und unser Verhalten, in einer einfühlsamen achtungsvollen Form geäußert, helfen, uns selbst realistischer zu sehen.
▸ Nach dem Aussprechen unserer Belastungen können wir hilfreiche Informationen vom Gesprächspartner zur besseren Bewältigung der Schwierigkeiten eher annehmen.

In Gruppengesprächen ist zusätzlich hilfreich: ▸ Wir erfahren, dass nicht nur wir Schwierigkeiten haben, sondern auch andere. ▸ Wir werden durch die anderen angeregt, uns zu öffnen und über uns zu sprechen. ▸ Wir werden von mehreren Personen geachtet und angenommen, trotz unserer Schwierigkeiten. Wir erhalten Eindrücke, wie andere ihre Schwierigkeiten bewältigen; ferner Anregungen und Rückmeldungen, wie andere unsere Schwierigkeiten sehen. ▸ Wir können anderen bei der Bewältigung (...) helfen. (...)

Entspannung und mentales Training:
Entspannung erleichtert mentale Vorgänge
Haben wir negative Gedanken, fühlen wir uns seelisch beeinträchtigt oder verletzt, grübeln wir über ein schwieriges Ereignis, empfinden wir Ärger oder Feindseligkeit oder Wut, dann können wir dies mit dem Willen allein schwer ändern. Denn die negativen Gedanken alarmieren das Sympathische Nervensystem; und so sind wir überwiegend auf das Bedrohliche und Nachteilige in unserer Umwelt und bei uns selbst gerichtet; intensive Gefühle von Erregung, Ärger oder Angst behindern unser Denken.

Durch eine Entspannung unserer Muskeln oder Normalisierung der Atmung jedoch können wir das Sympathische Nervensystem mit den aktivierten Körpervorgängen (zum Beispiel hormonales Ungleichgewicht, Steigerung von Puls, Blutdruck und Muskelspannung) wieder normalisieren. Dadurch treten zugleich in unserem Bewusstsein mehr Ruhe und Ordnung ein, negative Gedanken vermindern sich, sodass positive Gedanken und Vorstellungen mehr Zutritt ins Bewusstsein haben. Diese vermehrte Ruhe in und nach der Entspannung ist auch mit Geräten messbar, zum Beispiel treten mehr Alpha-Wellen im Gehirn auf, kennzeichnend für Ruhe.

Im körperlich entspannten Zustand, im Normalzustand des Sympathischen Nervensystems, ist es fast unmöglich, feindselige, wütende oder ärgerliche Gefühle und Gedanken zu haben.

Ferner: Durch häufiges Entspannungs- und Bewegungstraining (…) werden wir bei Belastungen weniger erregt; entstandene Erregungen klingen schneller ab. Negative mentale Vorgänge treten vermindert auf.

Verstärkung positiver Gedanken und Vorstellungen im Entspannungs-Zustand

Am Ende einer Entspannungsübung – Atem- oder Muskelentspannung oder Yoga-Übungen – können wir uns positive Gedanken, Vorstellungen oder Erfahrungen ins Bewusstsein bringen. Wir stellen uns etwa eine schöne erfreuliche Situation vor, die wir erlebten, mit den Einzelheiten der Farben, Geräusche und unseren Empfindungen. Wir sehen uns selbst in dieser Situation, etwa im Sommer entspannt oder gesund an einem Strand, im Garten, auf einer Bergwanderung.

Oder wir sehen uns auf einem Spaziergang zusammen mit unserem Lebensgefährten oder Freunden; wir sehen uns bei einer erfolgreichen Tätigkeit oder wie wir Schwierigkeiten erfolgreich bewältigen. Wir erleben in der Vorstellung gleichsam die Situation noch einmal, mitsamt unseren damaligen positiven Gefühlen der Freude und Harmonie. Oder wir rufen uns positive Gedanken in Erinnerung, Gedanken, die uns ermutigen,

uns seelischen Halt geben. Oder wir denken an einen verstorbenen Angehörigen oder Freund, dem wir in Liebe verbunden sind.
Was wird dadurch bewirkt?
▸ Im entspannten körperlich-seelischen Zustand ist unser Bewusstsein geöffneter und bereiter für diese positiven Gedanken und Vorstellungen, sie sind deutlicher. Wir sind weniger abgelenkt, sind deutlich konzentrierter. Die positiven Bilder und Gedanken entsprechen dem positiven entspannten Körper- und Bewusstseinszustand, werden leichter aufgenommen und nicht durch negative Gefühle oder Gedanken gestört. ▸ Die Gedanken und Bilder erhalten gleichsam eine positive Veränderung, durch den positiven Zustand der Entspannung. Die Gedanken und Bilder »verankern« sich tiefer in unserem Gedächtnis. Lassen wir sie später wieder ins Bewusstsein treten, lösen sie positivere Gefühle in uns aus als vorher. ▸ Die positiven Bilder und Gedanken im entspannten Zustand wirken sich günstig auf unsere Körpervorgänge aus. Das Umgekehrte kennen wir: Bei negativen Gedanken, Bildern und Vorstellungen sind Körpervorgänge beeinträchtigt.
So also ist das aktive bildhafte und gedankliche Vorstellen im entspannten Zustand eine wirksame Möglichkeit zur Förderung günstiger mentaler Vorgänge und unserer Gesundheit. (...)

[Weiterführende Literatur zum mentalen Training:
▸ Arnold Lazarus, *Innenbilder: Imagination in der Therapie und als Selbsthilfe,* Klett-Cotta, 2006 (4. Aufl.)
▸ Cora Besser-Siegmund, *Mentales Selbst-Coaching. Die Kraft der eigenen Gedanken positiv nutzen,* Junfermann, 2006 – Anm. d. Red.]

Förderliche soziale Kontakte und Beziehungen
Soziale Kontakte zu Menschen, die wir mögen und die uns mögen, sind wesentlich für einen günstigen mentalen Bewusstseinszustand, für die seelische und auch körperliche Gesundheit. Das harmonische Zusammensein mit Familienangehörigen, mit Freunden, auch das Denken an Menschen, die wir gern haben, ergaben sich in einer Untersuchung als wichtigster Bereich erfreulicher Erfahrungen und Tätigkeiten. »Das Treffen mit lieben Freunden ist etwas, was ich sehr mag und was ich als vollkommen stressfrei erlebe.« – »Schöne ruhige Spaziergänge oder Abende mit ein oder zwei guten Freunden, weg von allem Normalen, von alltäglichen Pflichten, das ist etwas sehr Entspannendes für mich.«
Gute soziale Beziehungen mit Familienangehörigen, Freunden, Kollegen und Bekannten wurden am häufigsten als sinnerfüllend im Alltag sowie förderlich für den seelischen Halt angegeben – von 65 Prozent der Befragten (...)!
In einer Untersuchung, bei der Menschen auf ihr Leben zurückblickten (...), sagten viele: Menschliche Begegnungen seien für sie die bedeutungsvollsten und bereicherndsten Erfahrungen gewesen. »Das, was wirklich in meinem Leben zählt, woran ich Freude und Erfüllung finde, sind meine Beziehungen zu Menschen; zu Menschen, die ich gernhabe und die mich lieben.« – »Es ist für mich wichtig, intensive Nähe zu Menschen zu erleben, und selber zu vermitteln, dass ich andere liebe. Zugleich habe ich gemerkt, das ist etwas, was ich immer zurückgestellt habe und was ich jetzt anders machen möchte.« Manchen bereiten das Zusammensein und Spielen mit Kindern viel Freude; hier können sie sich spontan und natürlich geben. Einsame oder alte Menschen empfinden das Zusehen auf dem Kinderspielplatz als anregend und positiv.

Gute menschliche Kontakte mindern Belastung, Bitterkeit und Ängste. Menschen stehen schwierige Zeiten weitaus besser durch und haben eine höhere Lebenserwartung, wenn sie ein zuverlässiges Netz von Freunden, Verwandten und Bekannten haben oder sich in Selbsthilfegruppen engagieren. Warum ist das so?
▸ In den sozialen Beziehungen machen wir positive Erfahrungen, z. B. erfahren wir Beachtung, Zuwendung, Zuneigung, Ablenkung von sorgenvollem Grübeln und Verminderung der Einsamkeit.
▸ Gute soziale Kontakte geben die Möglichkeit zu Gesprächen; das Aussprechen persönlicher Erfahrungen sowie ein Austausch persönlicher Gedanken unterstützen und erleichtern uns. Wir können uns selbst klären. Wir bekommen Anregungen von anderen für Handlungsmöglichkeiten und lernen ihre Erfahrungen und Meinungen kennen. »In meinem Leben sind Menschen bedeutungsvoll, mit denen ich gute und hilfreiche Gespräche geführt habe.« Zugleich bekommen wir durch Gespräche Einblick in das seelische Leben anderer, wenn wir zuhören können. Das erweitert unser Bewusstsein. Eine Frau: »Ich habe bei meiner Arbeit an mir selbst nicht von gelehrten Büchern und Theorien am meisten gelernt, sondern aus dem zwischenmenschlichen Kontakt und den Gesprächen mit Menschen meiner unmittelbaren Umgebung.«
▸ Wir können für andere hilfreich werden. Durch dieses gegenseitige Geben und auch Nehmen, durch das gemeinsame Teilen von Schwierigkeiten und Nöten entstehen Verbundenheit und Nähe.
▸ In Krisenzeiten erhalten wir durch gute soziale Beziehungen Hilfe, Unterstützung und Trost. (...)
Selbsthilfegruppen sind für diejenigen, die keine oder nur wenige Familienangehörige, Verwandte und Freunde haben, hilfreich. Hier treffen sich Menschen mit ähnlichen Belastungen, mit dem Wunsch, sich ge-

genseitig zu helfen. Die Teilnehmer machen die Erfahrung, sie sind nicht allein mit ihren Belastungen, sie erfahren Verständnis und Angenommensein. Sie lernen gemeinsam mit anderen Formen der Bewältigung ihrer Schwierigkeiten. Sie erhalten Hilfe, und sie geben Hilfe.

Was können wir tun, um zwischenmenschliche Beziehungen, diese Quelle seelischer Kraft, mehr zu erschließen und zu nutzen? In unseren Befragungen ergab sich folgendes:

▸ Möglichst unmittelbar, offen und vertrauensvoll auf andere Menschen zugehen, statt zurückhaltend zu warten, bis diese auf uns zugehen, schafft mehr Kontakt mit anderen. »Das Lächeln, das du aussendest, kehrt zu dir zurück«, sagt ein chinesisches Sprichwort. Albert Schweitzer: »Ich hatte das Glück, in meiner Jugend einigen Menschen zu begegnen, die sich, bei aller Achtung der geltenden gesellschaftlichen Formen, ihre Unmittelbarkeit bewahrt hatten. Als ich sah, was sie Menschen damit gaben, bekam ich Mut, selber zu versuchen, so natürlich und herzlich zu sein, wie ich es empfand« (...).

▸ Keine übertriebenen Ansprüche und Erwartungen stellen. Eine alleinlebende ältere Frau: »Es ist für mich wichtig, überhaupt mehr unter Menschen zu gehen, auch wenn sie oft meinen Interessen und Wünschen nicht entsprechen.« (...)

▸ Einsame Menschen benötigen besonders soziale Kontakte. Oft fällt es ihnen schwer, Kontakte aufzunehmen oder zu halten. Hier können psychologische Gesprächsgruppen hilfreich sein, Gefühle von Minderwertigkeit und Scheuheit zu vermindern; sie können lernen, sich mehr zu öffnen, ihre Gefühle freier zu äußern, Kontakt und Nähe zu erfahren und auszuhalten. Diese psychologischen oder psychotherapeutischen Gruppen sind kein Dauerersatz für Freundschaft und hilfreiche Mitmenschen, abgesehen von einzelnen, die darüber hinaus in Kontakt bleiben. Aber sie sind gleichsam ein Start, aus der Isolierung herauszukommen und sich etwa Selbsthilfegruppen anzuschließen.

Prof. Dr. Reinhard Tausch gilt als einer der bedeutendsten Vertreter der humanistischen Therapie. Er ist Mitbegründer der Gesprächspsychotherapie im deutschsprachigen Raum. Seit Jahrzehnten arbeitet er intensiv an dem Thema »Selbsthilfe bei Stressbelastungen«.

Tipps für den kleinen Geldbeutel

Hungersnot – gibt es doch nur in der Dritten Welt!? Dass Hunger vor der eigenen Haustür gelitten wird, ist für die meisten kaum vorstellbar.
Seit der Einführung von Hartz IV ist immer öfter die Rede von »Lebensmittelarmut«, einem Phänomen, das wider Erwarten auch in der Bundesrepublik zum Problem wurde.
Die sich zuspitzende wirtschaftliche Situation Deutschlands hat gerade in den letzten Jahren eine Welle des Mitgefühls und der Hilfsbereitschaft ausgelöst.
Zurzeit engagieren sich mehr als 23 Millionen Deutsche ehrenamtlich in verschiedenen Bürgerinitiativen, Selbsthilfegruppen und ähnlichen privaten Vereinen für das Wohlergehen Bedürftiger.
Interessante Ergebnisse ergaben Forschungen der Universität Stuttgart-Hohenheim: Die Zahl der Arbeitsstunden ehrenamtlich tätiger Menschen in Deutschland übersteigt jedes Jahr um fast zehn Prozent die Leistung des gesamten bezahlten öffentlichen Dienstes.
Viele unter den freiwilligen Mitarbeitern, die sich hier engagieren, sind selbst bedürftig.

Das soziale Konzept der »Tafel«

Mehr als 25 000 ehrenamtliche Mitarbeiter sind allein bei der privaten Organisation »Tafel« beschäftigt, die Lebensmittel sowie Waren des täglichen Bedarfs von Supermärkten bzw. direkt vom Hersteller einsammeln, um sie dann an Bedürftige zu verteilen.
Die Idee der 1993 in Berlin entstandenen Hilfsorganisation ist eigentlich recht einfach: Jedes Jahr landen in Deutschland Tonnen verwertbarer Lebensmittel auf dem Müll. Es handelt sich dabei um Lebensmittel, die

entweder kurz vor dem Verfallsdatum stehen oder kleine Fehler haben und deshalb aus den Regalen bzw. dem Handel genommen werden.
Andererseits wächst die Zahl der Menschen in Deutschland, denen es an Elementarem mangelt, ununterbrochen. Auf der Homepage der Aachener Tafel heißt es in der Selbstdarstellung: »Wir konnten die Not in unserer Nachbarschaft nicht mehr sehen. Und die überquellenden Abfall-Container an manchen Supermärkten auch nicht.« Die »Tafel« gleicht durch ihre Stellung zwischen Überfluss und Not eben diese Gegensätze aus.

Wie die »Tafeln« entstanden
Die erste »Tafel« entstand, wie bereits erwähnt, 1993 in Berlin. Der Gründerin Sabine Werth diente die New Yorker Organisation »City Harvest« als Vorbild, die zehn Jahre zuvor ins Leben gerufen worden war. Diese hatte das erfolgreiche Konzept ihrerseits von der 1963 in Phoenix/Arizona gegründeten ersten »Food Bank« übernommen.
Dass diese Idee von den Deutschen erst 30 Jahre später adaptiert wurde, kann man mit den gewaltigen Unterschieden der Sozialsysteme der beiden Länder erklären: Amerika war und ist alles andere als ein Sozialstaat. In Deutschland dagegen war man lange Zeit nicht auf private Organisationen angewiesen; man lebte in der Gewissheit, dass der Staat niemanden im Stich lassen würde.
Es entstand also eine Art Konkurrenz zwischen dem Staat und den privaten Initiativen. Die Angst, dass das deutsche Gesetz untergraben werden könnte, hat manche Politiker in den Widerstand gegen die wachsende Macht staatsunabhängiger Vereine getrieben. So etwa in Bochum, wo der Leiter der Bezirksverwaltung Wattenscheid angekündigt hat, sich weiter an das bis zum

16.6.2005 geltende Gesetz zu halten, das besagt, dass jegliche Unterstützung Bedürftiger von nichtstaatlichen Organisationen auf deren Hilfebedarf anzurechnen sei. »Dieses Gesetz ist meiner Meinung nach das Dümmste, was es gibt«, so Sabine Werth, Gründerin und Filialleiterin der »Tafel« in Berlin, »ich habe immer dagegen gekämpft, aber ehrlich gesagt, stand es uns nicht wirklich im Weg. Die Idee wurde eigentlich insgesamt gut aufgenommen, und solche Fälle wie in Bochum sind vereinzelte Phänomene geblieben.«

Die eigentliche Konkurrenz bestehe zwischen den verschiedenen privaten Hilfsorganisationen, die das Konzept der »Tafel« übernommen hätten und sich gern als diese ausgeben würden, verrät Sabine Werth, »sie machen uns das Leben schwer.«

Die erste Schwierigkeit, die nach der Gründung dem »Tafel«-Team zu schaffen machte, war es, den Händlern begreiflich zu machen, was sie wollen. Das Misstrauen sei jedoch mittlerweile verschwunden, so Werth, und alle Läden würden ihre übrig gebliebenen Lebensmittel gern der Organisation zur Verfügung stellen.

Spätestens seitdem Frau Werth im Jahre 2003 das Bundesverdienstkreuz verliehen wurde, dürfte der »Tafel« nichts mehr im Wege stehen.

Entwicklung der »Tafel«

2005 wurden an die 500 000 Menschen jede Woche mit Essen versorgt. Rund 100 000 Tonnen Lebensmittel, die nach den Gesetzen des Marktes in der Biotonne verschwunden wären, verteilten »Tafel«-Mitarbeiter im selben Jahr an mehr als 1200 Ausgabestellen in Deutschland. Zur Popularität der »Tafel« trägt ihr unkomplizierter und vor allem menschenwürdiger Umgang mit der Not anderer bei: Bedürftige gehen einfach in die wie normale Supermärkte eingerichteten »Tafel«-Läden einkaufen, jedoch ohne danach durch die Kasse zu müssen. Dass die Zahl dieser sozialen Einrichtungen in der Bundesrepublik innerhalb der letzten 13 Jahre von vier (im Jahr 1994) auf 630 (im Jahr 2006) gestiegen ist, dürfte also kaum verwundern.

Matthias Mente, stellvertretender Vorsitzender des Bundesverbandes »Deutsche Tafel e.V.«, ist davon überzeugt, in Deutschland sei »das Wir-Gefühl auf dem Vormarsch«. Diese Behauptung untermauert er durch verblüffende Zahlen, die das unaufhaltsame Wachstum der Organisation aufzeigen: »Weitere 10 000 Freiwillige haben sich gemeldet, um neue Tafeln zu gründen oder in bestehenden mitzuarbeiten«, so Mente.

Und damit spricht er den nächsten wichtigen Vorteil für Hartz-IV-Empfänger an: Wer bei der »Tafel« mitmacht, entzieht sich der Vermittlung in Ein-Euro-Jobs und bekommt die Möglichkeit, selbst aktiv zu werden und Leuten zu helfen, die sich in derselben schwierigen Lage befinden. Wer der Organisation beitreten möchte, muss ihre Satzung anerkennen und ihre Grundsätze einhalten (siehe Homepage). Ob man nun Hilfe braucht oder selber helfen will: Man muss sich mit der nächstgelegenen »Tafel« in Verbindung setzen: Die nötige Information dazu kann man ganz bequem im Internet unter www.tafel.de finden, wo man die jeweilige »Tafel« vor Ort ausfindig machen kann. Auf der Homepage der Organisation sind alle Filialen ausführlich aufgezeichnet; um die nächstgelegene »Tafel« zu finden, braucht man einfach nur das Bundesland, den Ortsnamen und seine Postleitzahl einzugeben.

Damit die Hilfe auch diejenigen erreicht, die sie tatsächlich nötig haben, wird zunächst einmal die Bedürftigkeit jedes Einzelnen ermittelt, woraufhin man sich bei der »Tafel« anmelden und problemlos jede Woche sein Unterstützungspaket abholen kann.

»Leider wird die Tafel immer noch zu wenig genutzt«,

stellt Sabine Werth mit Bedauern fest, »viele scheuen sich immer noch, die ihnen angebotene Hilfe in Anspruch zu nehmen.« Dafür sprechen die Zahlen: Allein in Berlin gibt es offiziell an die 500 000 Bedürftige. Angemeldet bei der Berliner Tafel sind jedoch nur etwa 125 000 Menschen. Davon sind ca. 100 000 Hartz-IV-Beziehende. Das Angebot der Hilfsorganisation gilt nicht nur für Hartz-IV-Empfänger, sondern für jeden wirtschaftlich oder sozial benachteiligten Menschen. Alleinerziehende Mütter, Rentner oder Jugendliche, für die nicht genug gesorgt wird: Die »Tafel« ist für alle da.

Organisation und Finanzierung der »Tafel«
Die meisten Tafeln Deutschlands gehören dem Bundesverband »Deutsche Tafel e.V.« an. Manche Filialen wie etwa die Münchner »Tafel« haben sich selbstständig gemacht, da sie imstande waren, sich selbst über eigene Wege zu finanzieren. Jeder Filiale stehe es frei, so Sabine Werth, ob sie sich unabhängig machen will, was jedoch nicht bedeute, dass sie nichts mehr mit der »Deutschen Tafel e.V.« zu tun habe. Sie müsse sich, solange sie sich »Tafel« nennt, auch an die acht »Tafel«-Grundsätze halten. Dies ist im Grundsatz 7 festgelegt. Die Regeln sind recht einfach: Es wird nicht untereinander konkurriert, d. h. es ist nur eine Tafel pro Stadt oder Gebiet erlaubt; Hilfe wird jedem angeboten, der welche braucht, und zwar unabhängig von seinen politischen oder religiösen Überzeugungen.
Die Finanzierung dieser humanen Idee erfolgt nicht durch öffentliche Mittel, sondern ausschließlich durch private Spender, Sponsoren und Mitglieder der Organisation. Neben finanzieller Hilfe, wie sie etwa die Metro Group leistet, wird den »Tafel«-Arbeitern von etlichen Unternehmen auf sehr vielfältige Weise unter die Arme gegriffen: Angefangen bei einer einmaligen Spende von hundert gebrauchten Mercedes Benz von

DaimlerChrysler über kostenlose Anzeigen in verschiedenen Zeitschriften und Reifengutscheine von Continental bis hin zu einem Fuhrparkschutzbrief und kostenloser Verkehrsrechtsschutzversicherung des ADAC oder Gratis-Paketversand bei der Go! General Overnight Service ... – es ist eine lange Liste fantasiereicher Sponsorenangebote, die gänzlich dem Leitspruch der Organisation entsprechen: »Jeder gibt, was er kann.«

Kurze Übersicht der »Tafeln« in den fünf größten Städten Deutschlands:
• Berlin: 10553 Berlin, Beusselstr. 44 n–q, Sabine Werth, Tel. 030/7827414
• Hamburg: 20144 Hamburg, Beim Schlump 84, Annemarie Dose, Tel. 040/443646
• München: 81371 München, Thalkirchner Str. 81, Vera Mauser, Tel. 089/292250
• Köln: 50999 Köln, Pfarrer-te-Reh-Str. 8, Beate Welbers, Tel. 0221/351000
• Frankfurt a. Main: 60314 Frankfurt a. Main, Hanauer Landstr. 208–216, Rainer Häusler, Tel. 069/4980825
Es gibt immer nur eine »Tafel« pro Stadt, vollkommen unabhängig von deren Größe. Der Bundesverband ist sehr gut vernetzt und hat viele Filialen in ganz Deutschland. Allein in Bayern gibt es z. B. 95 »Tafeln«, die für Sie arbeiten!
Finden Sie auf der Internet-Seite der Organisation www.tafel.de die Filiale, die in Ihrer Nähe liegt, und nutzen Sie ihr vielfältiges Angebot!

Kleiderkammern

Die *Kleiderkammern* sind genau wie die »Tafel« gedacht für Menschen, die auf materielle Hilfe angewiesen sind. Sie sind Initiativen des Deutschen Roten Kreuzes und des Deutschen Caritasverbandes. Meist durch Spenden der Bevölkerung, manchmal auch durch den Erhalt leicht fehlerhafter Produkte vom Hersteller, sammeln ehrenamtliche Mitarbeiter der Kleiderkammern Kleidung, Schuhe, Kinderspielwaren, Bettzeug usw. und verteilen diese an Hilfebedürftige. Als solche werden nicht nur Sozialhilfeempfänger begriffen, sondern auch Menschen mit niedriger Rente, Hartz-IV-Empfänger, Alleinerziehende, kinderreiche Familien, Menschen mit geringem Einkommen, Asylbewerber, Verschuldete usw.

Um dieses Angebot für sich in Anspruch nehmen zu können, muss man im Besitz eines Berechtigungsscheins sein, der vom Sozialamt, den sozialen Beratungsstellen der Caritas und der Inneren Mission sowie von einem »Tafel e.V.« ausgestellt werden kann: Die Hilfe soll ja schließlich diejenigen erreichen, die sie auch tatsächlich benötigen. Allerdings gibt es auch Kleiderkammern, die ihre Türen auch für Schnäppchenjäger geöffnet haben. Dies ist der Fall bei den im Caritas-Projekt »Aufwind« eingebundenen Kleiderkammern im Kreis Kleve in Nordrhein-Westfalen: Sie wurden zwar durch helle Räume, strengere Qualitätskontrolle und fantasievolle Dekorierung aufgepeppt, jedoch wurden auch die Preise angehoben, was für manche Bedürftige problematisch sein könnte. In der Mehrzahl der Kleiderkammern Deutschlands erfolgt die Übergabe weiterhin nur gegen eine symbolische Schutzgebühr. Dies passiert meistens in großen Lagerräumen mit eigenen Öffnungszeiten und oft nur an bestimmten Tagen. Immer mehr Kleiderkammern werden jedoch von ihrem »Kellerdasein« befreit. Viele sehen gewöhnlichen Secondhand-Läden mittlerweile zum Verwechseln ähnlich.

Jährlich werden allein durch die insgesamt 1128 Kleiderkammern des Deutschen Roten Kreuzes (DRK) ca.

18 Millionen gebrauchte, gut erhaltene Kleidungsstücke eingesammelt und an Bedürftige weitergeleitet. Rund 2,3 Millionen Menschen bundesweit machen Gebrauch von der karitativen Einrichtung des DRK. Und diese Zahl wächst Jahr für Jahr.
Deshalb sind die Kleiderkammern mehr denn je auf Spenden angewiesen. Kleidungsstücke kann man ganz bequem entweder in die dafür vorgesehenen Kleidercontainer einwerfen oder direkt vor Ort abgeben. Auf der Homepage jeder Kleiderkammer sind in der Regel Telefonnummer, Adresse sowie Öffnungszeiten angegeben. Bedürftige und Spender können sich an den ebenfalls auf der Homepage angegebenen Ansprechpartner wenden, um Details über die Kleiderkammern in ihrer Nähe zu erfahren.

(Super)günstig kaufen und verkaufen (im Internet) – eine kurze Einführung in *eBay*

eBay ist mit insgesamt über 200 Millionen Mitgliedern das größte Internetauktionshaus der Welt. 1995 in Kalifornien gegründet, expandierte es in kürzester Zeit vom Internetforum für Hobbysammler zum milliardenschweren Großunternehmen und konnte schnell die ins Hintertreffen geratene Konkurrenz schlucken. Heute hat *eBay* einen Börsenwert von 36 Milliarden Euro (Stand 28.10.2006) und ist in 33 verschiedenen Nationen präsent. Durch die hohe Mitgliederzahl und die gute Vernetzung bietet *eBay* eine ideale Plattform für Angebote und den Kauf von Waren aller Art. Bequem von zu Hause aus lassen sich oft absolute Schnäppchen, Raritäten oder Alltagsgegenstände zu Preisen unter dem Marktwert ergattern.
Wie aber bekommt man Zugang zu diesem virtuellen Dauermarkt? Wie findet man am schnellsten, was man sucht bzw. wie bietet man eigene Ware gewinnbrin-

gend feil? Wo ist eventuell Vorsicht geboten, und wie kommt man auf geschicktestem Wege möglichst günstig an das benötigte Objekt? Auf diese und andere grundlegende Fragen sollen die folgenden Seiten Antwort geben.

Voraussetzungen
Um überhaupt irgendeine Aktion über *eBay* durchführen zu können, muss man:
- einen Computer mit Internetanschluss besitzen
- über eine E-Mail-Adresse verfügen
- mindestens 18 Jahre alt sein
- über ein Bankkonto verfügen
- kreditwürdig sein, man darf also keinen Eintrag bei der SCHUFA haben.

Anmeldung
Jeder, der bei *eBay* eine Ware kaufen oder verkaufen will, muss zunächst Mitglied werden. Die Anmeldung ist aber kostenlos und denkbar einfach: Stellen Sie eine Internetverbindung her, und öffnen sie die Seite www.ebay.de. Sie befinden sich nun auf der *eBay*-Startseite. Indem sie in der Steuerleiste am oberen Seitenrand den Link »Anmelden« anklicken, gelangen Sie zum elektronischen Anmeldeformular. Geben Sie einfach Ihre persönlichen Daten ein, und machen Sie sich mit den Allgemeinen Geschäftsbedingungen sowie der Datenschutzerklärung vertraut, um von vornherein Probleme zu vermeiden. Werden die rechtlichen Grundlagen von Ihnen akzeptiert, können sie auf den Link »Ich akzeptiere und willige ein« klicken. Sie bekommen nun direkt eine Anmeldebestätigung an ihre E-Mail-Adresse zugeschickt. Sobald Sie diese bestätigen, ist der Vorgang abgeschlossen, und Sie sind offizielles *eBay*-Mitglied.
▸ Während einer späteren Auktion erscheinen Sie bis

zum Auktionsabschluss nur unter Ihrem Mitgliedsnamen. Ihre E-Mail-Adresse und Ihre Anschrift bekommt also ausschließlich der Verkäufer, um Ihnen die Ware zuzuschicken. Somit wird Ihre Identität im Verlauf der Auktion geschützt.

▸ Bei der Wahl des Mitgliedsnamens liegt es in Ihrem Interesse, dass er möglichst einfach einzuprägen, nicht unsympathisch ist und nicht polarisiert. Schließlich sollten Sie auf einen späteren potenziellen Käufer Ihrer angebotenen Ware seriös wirken.

Einloggen/Ausloggen

Um als angemeldetes *eBay*-Mitglied eine Ware ersteigern oder zum Verkauf anbieten zu können, müssen Sie sich nach dem Betreten der *eBay*-Startseite zunächst einloggen, um in den geschützten Bereich zu gelangen. Schließlich soll niemand in Ihrem Namen irgendwelche Internetauktionen abwickeln, für die schlussendlich Sie zur Verantwortung gezogen werden können. Um in den geschützten Bereich zu gelangen, klicken Sie im Bereich der Steuerleiste im oberen Bereich der Startseite auf den Link »Einloggen«. Nun müssen Sie nur noch Ihren Mitgliedsnamen und Ihr Passwort eingeben, und schon können Sie bei den Auktionen mitbieten oder selbst Waren anbieten.

▸ Denken Sie daran, sich zum Abschluss Ihrer Arbeitssitzung wieder auszuloggen, um vor eventuellem Missbrauch ihres *eBay*-Kontos geschützt zu sein. Hierfür klicken Sie einfach in der Steuerleiste am oberen Seitenrand auf den Link »Ausloggen«.

Auktionen verwalten mit »Mein *eBay*«

Wenn Sie nach dem Einloggen in der Steuerleiste auf die Schaltfläche »Mein *eBay*« klicken, gelangen Sie in ihren persönlichen zentralen Verwaltungsbereich. Hier können Sie:

- laufende Artikel unter Beobachtung stellen
- Suchanfragen, Verkäufer und Kategorien als Favoriten speichern
- sich per E-Mail über neue Angebote informieren lassen
- alle Artikel beobachten, auf die Sie bieten, die Sie kaufen oder verkaufen.

Jegliche Aktionen haben Sie hier auf einen Blick und können Sie von hier aus verwalten. Außerdem können Sie in dieser Rubrik Ihre persönlichen Daten ändern, andere Einstellungen festlegen und Bewertungen zu den jeweiligen Käufern bzw. Verkäufern abgeben.

Auf einen Artikel bieten und kaufen
Bei *eBay* lassen sich neben hoch spezialisierten Liebhaberartikeln ganz alltägliche neue und gebrauchte Gegenstände aller Art für den Heimgebrauch günstig ersteigern, wenn man es nur richtig anstellt. Wegen der großen Fülle des Angebots empfiehlt es sich, ganz gezielt nach dem zu suchen, was man wirklich benötigt. Im folgenden Abschnitt finden Sie die Anleitung sowie Hinweise und Tipps zum erfolgreichen Suchen und Ersteigern eines Artikels.

Gezielte Suche nach einem Artikel
Um bei einem Artikel mitbieten zu können, müssen Sie sich zunächst mit ihrem Mitgliedsnamen und Passwort einloggen, um in den geschützten Bereich zu gelangen. Klicken Sie nun in der Steuerleiste auf die Schaltfläche »Kaufen«. Grundsätzlich können Sie nun einfach in die freie Zeile unter »Suchen« einen Begriff eingeben, der Ihrem gesuchten Artikel am ehesten entspricht. Da aber bei 20 Millionen registrierten Mitgliedern allein in Deutschland die Fülle an Angeboten immens ist, empfiehlt es sich, die Suchanfrage einzugrenzen. Dazu können Sie entweder ergänzende An-

gaben, wie Farbe, Gewicht oder ähnliches im Suchfeld eingeben oder zusätzlich eine Kategorie und sogar eine entsprechende Unterkategorie angeben. Zu diesem Zweck befindet sich rechts neben dem Suchfeld ein Feld mit den verschiedenen vorgegebenen Kategorien. Klicken Sie einfach auf dieses Feld, um eine Kategorie auszuwählen. Somit ist die Suche schon erheblich eingegrenzt und das Angebot bedeutend übersichtlicher. Noch genauer spezifizieren können Sie ihre Suche, indem Sie auf den Link »Erweiterte Suche« direkt unter bzw. neben dem Suchfeld klicken. Hier können Sie zusätzliche Angaben, wie z. B. Preisspanne, Artikelstandort oder auszuschließende Wörter eingeben.

▸ Je weniger Menschen sich für den gleichen Artikel interessieren oder von diesem Artikel wissen, desto höher sind Ihre Chancen, diesen Artikel möglichst günstig zu bekommen. Probieren Sie auch mal, bewusst in ähnlichen, nicht hundertprozentig zutreffenden Kategorien zu suchen. Vielleicht hat der Verkäufer seinen Artikel unter einer falschen Kategorie abgelegt, sodass ihn außer Ihnen nur wenige finden werden.

▸ Versuchen Sie auch, absichtlich typische Schreibfehler in Ihren Begriff im Suchfeld einzugeben. Vielleicht hat die Person, die Ihren gesuchten Artikel versteigert, den gleichen Schreibfehler gemacht, und Sie sind einer der wenigen, die den Artikel überhaupt finden.

Einen Artikel prüfen

Wenn Sie im Bereich des Suchfeldes auf die Schaltfläche »Finden« klicken, erscheinen diejenigen Angebote, welche Ihren Suchbegriffen am ehesten entsprechen, chronologisch geordnet nach der Restzeit der Auktion, angefangen bei dem Artikel, dessen Auktionszeit zuerst ablaufen wird. Sie finden zu jedem einzelnen Artikel von links nach rechts zunächst die genauere Artikelbeschreibung, den Preis, die Versandkosten und schließlich das Auktionsende. Indem Sie nun die unterstrichene Artikelbeschreibung anklicken, wechseln Sie zu der Seite mit der genauen Artikelbeschreibung des von Ihnen ausgewählten Artikels. Bevor Sie nun jedoch ein Gebot auf den entsprechenden Artikel abgeben, ist es von großer Wichtigkeit, dass Sie sich die Beschreibung ganz genau durchlesen. Beachten Sie dabei dringend die folgenden Punkte:

• Wie haben andere diesen Verkäufer bewertet?

Sie finden auf der rechten Seite zuoberst die »Angaben zum Verkäufer«. Hier sehen Sie rechts neben seinem Mitgliedsnamen seine persönliche Bewertungspunktzahl. Wurde er in der Vergangenheit positiv bewertet, so hat er dafür einen Punkt bekommen, wurde er jedoch negativ bewertet, wurde ihm ein Punkt abgezogen. Je größer die Zahl, desto eher kann man dem Verkäufer vertrauen. Darunter sehen Sie, wie viele positive Bewertungen der Verkäufer insgesamt bekommen hat. Weiter unten können Sie sich sogar die einzelnen Bewertungskommentare durchlesen.

• Wo befindet sich der Artikelstandort?

Falls er sich sogar in Ihrer Nähe befindet, könnten Sie sich den Artikel eventuell selber abholen, um sich Versand- oder Transportkosten zu sparen. Falls er sich außerhalb von Deutschland befindet, müssen Sie mit erhöhten Versand- oder Transportkosten rechnen.

• Wie hoch sind die Versandkosten?

Beziehen Sie die Versandkosten, welche manchmal nicht auf den ersten Blick ersichtlich sind, in Ihre Preiskalkulation mit ein. Bieten Sie auf keinen Artikel, bei dem Sie nicht wissen, wie hoch die Versandkosten sind.

• In welchem Zustand befindet sich der Artikel?

Ist der Artikel gebraucht oder neu? Lesen Sie sich zum Zustand des Artikels und eventuellem Zubehör auch die ausführliche Artikelbeschreibung aufmerksam durch.

► Sollte Ihnen irgendeiner dieser Punkte unklar sein, dann scheuen Sie sich nicht davor, via E-Mail persönlich mit dem Verkäufer Kontakt aufzunehmen. Dazu finden Sie unter dem Feld »Angaben zum Verkäufer« den Link »Frage an den Verkäufer«.
► Bevor Sie auf einen Artikel bieten, sollten Sie sich versichern, dass der Artikel direkt beim Händler oder beim Großanbieter nicht sogar billiger zu bekommen ist als das aktuelle Angebot. Bewahren Sie sich deshalb stets einen Überblick über die vorhandenen Angebote außerhalb von *eBay*.

Auf einen Artikel bieten

Haben Sie die Artikelbeschreibung eingehend geprüft, können Sie nun ein Gebot abgeben, um an der Versteigerung Ihres Artikels teilzunehmen. Grundsätzlich läuft das folgendermaßen ab.
Geben Sie am Ende der Artikelbeschreibung ganz unten auf der Seite den Betrag ein, den Sie für den gewünschten Artikel höchstens ausgeben wollen. Dieser Betrag ist ihr Maximalgebot. Es muss jedoch mindestens dem angegebenen Minimalgebot entsprechen. Nun erhöht sich Ihr Gebot immer um den minimal nötigen Erhöhungsschritt (je nach aktuellem Höchstgebot), und zwar jedes Mal, wenn Sie von einem anderen Bieter überboten wurden, bis Ihr angegebenes Maximalgebot erreicht ist. Es ist also möglich, dass Sie, obwohl Sie 50 Euro als Maximalgebot für einen Artikel eingegeben haben, diesen für 25 Euro erhalten, weil dieses Gebot nicht überboten wurde. Sobald jedoch Ihr Maximalgebot überboten wurde, müssen Sie erneut ein höheres Maximalgebot eingeben, falls Sie noch mitsteigern möchten. Klicken Sie nach Eingabe ihres Maximalgebots auf die Schaltfläche »Bieten«. Sind Sie Höchstbietender, so wird Ihnen das umgehend mitgeteilt, und Sie können den aktuellen Auktionsstand un-

ter »Mein *eBay*« mitverfolgen. Sind Sie zum Auktionsende immer noch der Höchstbietende, so haben Sie Ihren Artikel erfolgreich ersteigert.

▸ Falls Sie nicht gleich auf einen Artikel bieten, sondern ihn lediglich beobachten wollen, um eventuell zu einem späteren Zeitpunkt ein Gebot abzugeben, können Sie den Link »Angebot beobachten« anklicken, der sich in der Artikelbeschreibung im oberen Teil der Seite befindet.

▸ Bei manchen Artikeln befindet sich der Hinweis »sofort kaufen«. Hier können Sie den Artikel für den nebenstehenden Preis ohne Auktion erwerben.

▸ Das Ersteigern von Artikeln ist für Sie kostenlos, die Gebühr übernimmt stets der Verkäufer. Sie als Käufer müssen in der Regel nur für den Artikel und die Versand- bzw. die Transportkosten aufkommen.

▸ Die Chancen, einen gewählten Artikel auch tatsächlich zu bekommen, steigen enorm an, wenn Sie ihr Gebot erst ein paar Sekunden vor Auktionsende abgeben, sodass niemand mehr die Möglichkeit hat, Sie zu überbieten. Außerdem sollten Sie den Preis nicht durch zu häufiges Bieten lange vor Auktionsende in die Höhe treiben. Viele packt dabei das Fieber, und der Preis steigt über den eigentlichen Wert des Artikels.

▸ Manchmal lohnt es sich, zu ungewöhnlichen Zeiten, also z. B. spät in der Nacht die Auktionsseite zu besuchen. Wenn Auktionen spät in der Nacht enden, sind weniger Menschen daran beteiligt, und Ihre Chancen auf ein Schnäppchen können erheblich steigen.

Einen ersteigerten Artikel bezahlen

Sind Sie am Ende der Auktion der Höchstbietende, gehört der Artikel faktisch Ihnen. Kurz danach wird sich der Verkäufer persönlich oder über eine automatisch generierte Nachricht mit Ihnen in Verbindung setzen, um die Zahlungsformalitäten mit Ihnen zu klären.

Wenn der Verkäufer Bezahlung per Überweisung akzeptiert, wird die Kontaktadresse des Verkäufers in der Benachrichtigung zum Angebotsende angezeigt. Verkäufer akzeptieren verschiedene Zahlungsmethoden und verwenden unterschiedliche Methoden, um den Verkauf und die Bezahlung abzuschließen.

Lesen Sie bitte vor Gebotsabgabe die Artikelbeschreibung aufmerksam durch, und informieren Sie sich über die vom Verkäufer akzeptierten Zahlungsmethoden. Wenn der Verkäufer *PayPal* anbietet, klicken Sie auf »Jetzt bezahlen«. Sie gelangen dann direkt zu *PayPal*. *PayPal* ist eine schnelle und einfache Methode, um bei *eBay* zu bezahlen. Sobald Ihre Überweisung auf dem Konto des Verkäufers eingegangen ist, wird dieser den Artikel an ihre Postadresse schicken. Unter »Mein *eBay*« können Sie unter dem gleichnamigen Link einen »Artikel als bezahlt markieren«. Dies ist allerdings lediglich ein Vermerk für Sie und muss nicht heißen, dass Sie den Artikel auch tatsächlich bezahlt haben. Die Überweisung müssen Sie persönlich vornehmen.

▸ Falls Sie keine Benachrichtigung zum Angebotsende erhalten haben, erfragen Sie bitte die notwendigen Informationen, indem Sie auf den Link »Frage an den Verkäufer« klicken.

▸ Sie sollten innerhalb von etwa drei Tagen die Überweisung tätigen. Falls es Ihnen nicht möglich ist, den Artikel direkt zu bezahlen, sollten Sie ebenfalls mit dem Verkäufer Kontakt aufnehmen. Die meisten lassen mit sich reden.

▸ Bieten Sie nur auf Artikel bzw. kaufen Sie nur Artikel, für die der Verkäufer die Zahlungsmethoden akzeptiert, die Sie verwenden möchten. Wenn Sie per Überweisung zahlen möchten und der Verkäufer nur Kreditkarten akzeptiert, sollten Sie kein Gebot abgeben.

Einen Verkäufer bewerten
Sobald Sie Ihren Artikel per Post erhalten haben, können Sie den Verkäufer unter »Mein *eBay*« bewerten. Dazu sind Sie nicht verpflichtet, jedoch wird Sie jeder Verkäufer darum bitten, weil damit seine Anzahl positiver Bewertungen und somit seine Vertrauenswürdigkeit steigt. Sie können natürlich auch eine neutrale oder sogar eine negative Bewertung abgeben. Falls Sie jedoch mit der erhaltenen Ware nicht zufrieden sind, sollten Sie zunächst den Verkäufer kontaktieren, um eventuelle Missverständnisse aus dem Weg zu räumen, die zu unberechtigt negativen Bewertungen führen würden. Positive Bewertungen sind für jeden Verkäufer, der weiterhin verkaufen will, von großer Wichtigkeit.

Einen Artikel verkaufen
eBay eignet sich nicht nur, um Artikel zu ersteigern, sondern ist auch ein hervorragender Marktplatz, um Dinge aller Art anzubieten. Bestimmt schlummern bei Ihnen auf dem Dachboden, in Kellerräumen oder Schränken Gegenstände, die Sie nicht mehr brauchen und die sich höchstens noch für den Flohmarkt eignen würden. Bei 20 Millionen Mitgliedern ist *eBay* jedoch bestimmt der »Flohmarkt«, auf dem sie die größeren Chancen haben, Ihre alten Gebrauchsgegenstände loszuwerden. Sie werden erstaunt sein, für welche scheinbar unnützen Dinge man auf dem virtuellen Marktplatz Käufer findet. Im folgenden Abschnitt werden Ihnen die wichtigsten Schritte zum erfolgreichen Verkauf Ihrer Gegenstände nahegelegt.

Einen Artikel auf den Verkauf vorbereiten
Sobald Sie sich entschieden haben, einen Artikel zu verkaufen, sollten Sie ihn zunächst eingehend auf folgende Punkte prüfen:
• Ist Ihr Produkt funktionstüchtig?

- Welche Mängel weist Ihr Produkt auf?
- In was für einem optischen Zustand befindet sich Ihr Produkt?
- Ist Ihr Produkt vollständig? Fehlen Kabel, Bedienungsanleitung o. Ä.?
- Wie lautet die genaue Typenbeschreibung Ihres Produkts?
- Wie alt ist Ihr Produkt?
- Wie viel kostet der Transport bzw. der Versand Ihrer Ware?

All diese Angaben sollten später in Ihrer Artikelbeschreibung vorhanden sein. Verschweigen Sie auf keinen Fall Mängel, da dies später zu einer negativen Bewertung führen wird. Im Allgemeinen empfiehlt es sich stets, ehrlich zu sein und nicht zu schummeln, um sich spätere Probleme zu ersparen.

Einen Artikel verkaufen

Um Ihren Artikel nun zur Versteigerung freizugeben, klicken Sie in der Steuerleiste auf die Schaltfläche »Verkaufen«. Ab hier werden Sie im Prinzip problemlos durch den Verkaufsvorgang geleitet. Außerdem finden Sie hier unterhalb des Feldes, in welchem Sie Ihre Artikelbezeichnung eingeben müssen, zahlreiche Links zu allen Informationen, die Sie brauchen. Sie sollten wissen, dass Sie als Verkäufer bei Versteigerungen Angebotsgebühren und Verkaufsprovisionen zahlen, denn daraus finanziert sich *eBay*. Beim ersten Verkauf werden Sie nach Ihrer Bankverbindung gefragt, um *eBay* eine Einzugsermächtigung für die anfallenden Gebühren zu erteilen. Da Sie durch *eBay* wirklich fabelhaft einfach durch den Verkaufsvorgang geleitet werden, seien im Folgenden nur wichtige Hinweise zu einzelnen Punkten des Verkaufsvorgangs gegeben:

▶ Die *Angebotsgebühr* (0,25 Euro – 4,80 Euro) richtet sich nach dem Startpreis und die *Verkaufsprovision*

(5 Prozent – 2 Prozent, je höher der Verkaufspreis, desto niedriger die Provision) nach dem Verkaufspreis.

▸ Für den *Inhalt Ihrer Auktion* und die Auktionsgegenstände sind ausschließlich Sie als Verkäufer verantwortlich. Informieren Sie sich zuvor genau darüber, was erlaubt ist. Meistens sagt Ihnen jedoch Ihr gesunder Menschenverstand sehr genau, was erlaubt und was verboten ist.

▸ Als Neuling haben Sie in manchen Bereichen *Einschränkungen* und können die Verkaufsfunktionen nicht vollumfänglich nutzen. Sie müssen sich erst ein gewisses Maß an Vertrauen aneignen. Dieses bekommen Sie, sobald sie eine bestimmte Anzahl positiver Bewertungen haben und mindestens 14 Tage *eBay*-Mitglied sind.

▸ Bei der Wahl der *Kategorie* und der *Unterkategorie*, in welcher Sie ihr Produkt anbieten, sollten Sie darauf achten, dass die Kategorie auch passend ist, weil sonst weniger Personen Ihr Produkt finden werden. Es ist auch möglich, gegen Zuzahlung ein Produkt in mehreren Kategorien zu verzeichnen.

▸ Achten Sie bei der *Artikelbeschreibung* Ihres Produkts darauf, dass diese möglichst attraktiv klingt. Sie können Besonderheiten auch durch Markierungen hervorheben. Je auffälliger Ihr Produkt in Szene gesetzt ist, desto mehr potenzielle Käufer werden Ihr Produkt anklicken.

▸ Achten Sie bei der Eingabe der *Auktionsdauer* darauf, dass die Auktion nicht mitten in der Nacht endet, weil sich da weniger Kunden im Netz befinden werden.

▸ Fügen Sie Ihrer Artikelbeschreibung ein *Bild* oder eine *Grafik* hinzu, um Ihr Produkt auffälliger zu gestalten. Aber Vorsicht: Sie dürfen auf keinen Fall das Foto eines ähnlichen, bei *eBay* versteigerten Gegenstandes übernehmen. Das könnte wegen des Copyrights teuer für Sie werden.

Haben Sie alle erforderlichen Angaben gemacht, erhalten Sie nochmals Gelegenheit, Ihre Angaben zu prüfen. Lassen Sie sich dabei etwas Zeit, um spätere Probleme zu vermeiden. Sobald Sie Ihre Angaben auf Richtigkeit geprüft haben, können Sie auf die Schaltfläche »Artikel einstellen« klicken. Ab sofort erscheint Ihr Artikel unter dem entsprechenden Suchbegriff und in der entsprechenden Kategorie. Unter »Mein *eBay*« können Sie Ihren zum Verkauf angebotenen Artikel verwalten.

Den Artikel versenden
Sobald die Auktionsdauer für Ihren Artikel abgelaufen ist, ist Ihr Artikel an den Höchstbietenden verkauft. Die E-Mail- und die Lieferadresse des Käufers bekommen Sie in einer Bestätigungsmail zugeschickt. Nehmen Sie dann mit dem Käufer der Ware per E-Mail Kontakt auf und teilen Sie ihm Ihre Bankverbindung mit. Nach dem Zahlungseingang können Sie die Ware versenden. Achten Sie dabei darauf, dass die Ware sicher und gut gepolstert verpackt und das Päckchen gut leserlich beschriftet ist. Sobald der Käufer die Ware erhalten hat, ist die Verkaufshandlung abgeschlossen.

Interview mit Frank S., 24 Jahre alt, ohne Ausbildung

Seit wann bekommst du staatliche Hilfe?
Ich bin 2000 von zu Hause ausgezogen, da war ich 17. Ich kam aus einem kleinen Dorf bei Hamburg, hatte nichts, wohnte eine Zeit lang bei Freunden. Ich bekam damals Jugendhilfe. Die betrug 800 DM. Da musste man jedoch Gründe angeben, warum man Hilfe braucht. Ich habe geschrieben, ich sei schwer drogensüchtig und würde eine Chance brauchen, um mein Leben zu verändern. Mit 20 habe ich mich dann bei der Behörde abgemeldet und habe auf Vollzeit als Verkäufer in einem Klamottenladen gearbeitet, daraufhin eine Zeit lang schwarz in einer Bar. Als ich meinen Job verlor, habe ich ein Jahr lang fast nichts gemacht, war wieder obdachlos und wohnte bei verschiedenen Freunden.
Im Oktober 2004 habe ich Sozialhilfe beantragt. Später – ab Januar 2005 – nannte sich das dann Hartz IV. Es war sehr einfach: Am Anfang habe ich absolut keinen Stress gekriegt. Nach ein paar Monaten musste ich einmal zum sogenannten Jobcenter, wo ich dem Sachbearbeiter gesagt habe, ich hätte ganz viele Bewerbungsgespräche und ich würde so schnell wie möglich aus der Lage rauswollen, weshalb er mich als »einen sehr zukunftsorientierten jungen Mann« bezeichnete, was mir dann die nächsten paar Monate Ruhe ermöglicht hat.

Musstest du denn nie Jobs annehmen, die du nicht wolltest?
Nach diesen zwei ruhigen Monaten schickte man mich in das so genannte BFZ (Berufsförderungszentrum), wo ich 38 Stunden pro Woche irgendwelche bescheuerten Handwerkskurse belegen musste, obwohl ich

dem Sachbearbeiter erklärt hatte, dass ich mein Abitur nachmachen will und dann gern Geschichte studieren würde.

Er ist also nicht auf deine Wünsche eingegangen?
Nicht wirklich ... also, ich weiß nicht, welche Schule sie unterstützt hätten, aber ich hätte versucht, auf der FHS noch die Schule einzuholen – das wäre die billigste Variante gewesen. Aber das hätten sie nicht unterstützt, d. h., dass ich nebenbei noch diesen BFZ-Kurs hätte machen müssen.

Vielleicht weil es zu lange gedauert hätte, sie also auf lange Zeit in deine Ausbildung hätten investieren müssen?
Nein, alles andere hätte ab zwei Jahre aufwärts gedauert, FHS nur eins. Sie haben es mir, glaube ich, nicht abgekauft.

Also bist du dann weiter zum BFZ?
Nein, da bin ich nicht mehr aufgekreuzt, woraufhin mir im ersten Monat mein Arbeitslosengeld um 10 Prozent gekürzt wurde, dann im zweiten Monat 10 Prozent. Im dritten Monat habe ich das Arbeitslosengeld II selbst gekündigt, bin aber im vierten wieder rein zu einem anderen Sachbearbeiter, der nichts davon wusste, und habe dann wieder von Neuem angefangen.

Das finde ich aber sehr komisch, dass er nichts davon wusste ...
Ja, es hat mich auch gewundert, wie leicht es funktioniert hat. Dann habe ich auch nie wieder etwas vom Jobcenter gehört, was ich sehr gut fand.

Wie lange ist das schon her?
Sicher über ein Jahr.

Und wie ist die Beziehung zu deinem Fallmanager? Ruft er an, um zu fragen, ob sich etwas tut, schickt er dich zu Vorstellungsgesprächen usw.?
Nein, der will eigentlich nur ab und zu Kontoauszüge und Gehaltsabrechnungen sehen. Aber wenn man ihnen alles bringt, lassen sie einen komplett in Ruhe.

Aber du verdienst ja nichts. Was für Gehaltsabrechnungen zeigst du ihm?
Ich verdiene ca. 100 Euro im Monat mit Kellnern auf irgendwelchen Veranstaltungen – das zeige ich ihm zum Beispiel.

Aha, das sind diese 100 Euro, die nicht als Einkommen angerechnet werden.
Genau. Manchmal verdiene ich mehr, manchmal weniger, und dann pendelt es sich so auf 100 Euro pro Monat ein.
Außerdem muss man Hartz IV alle sechs Monate beantragen, wobei du dem Fallmanager den ganzen Papierkram erneut vorlegen musst, d. h., du wirst alle sechs Monate komplett überprüft. Deshalb habe ich auch gerade Sperre.

Sperre?
Ich bin jetzt umgezogen. Davor war ich bei einer anderen Behörde. Da kannte mich mein Sachbearbeiter auch und hat nie was gesagt. Und jetzt habe ich eine neue Wohnung, musste alles neu beantragen. Und ein neuer Sachbearbeiter wurde mir zugeteilt. Er hat gesehen, dass ich gearbeitet habe. Ich habe zwar nie mehr als 100 Euro im Monat verdient. Aber trotzdem habe ich erst mal eine Sperre gekriegt, bis sie alle Unterlagen (Gehaltsabrechnungen usw.) überprüft haben. Ich habe keine Ahnung, ob ich mein Geld nachträglich bekomme oder gar nicht.

Seit wann hast du denn nichts mehr bekommen?
Dezember und Januar habe ich nichts bekommen.
[Das Interview fand im Februar 2007 statt – Anm. d. Red.]

Und wovon lebst du zur Zeit?
Ein bisschen Geld habe ich durch Kellnern verdient. Trotzdem war Dezember und Januar alles ziemlich knapp: Rechnungen häufen sich, Schulden ...

Hast du das Gefühl, sie kümmern sich ausreichend um dich, d. h., dass du gefördert wirst, Jobangebote kriegst usw.?
Nein. Aber sagen wir mal so: Wenn man im Jobcenter öfter nachfragt, wenn man energisch dahintersteht, dann kümmern sie sich eher um einen.

Also das mit dem Jobcenter ging los, als Hartz IV eingeführt war. Und davor?
Ja, als ich es das erste Mal beantragt habe, war das noch ganz normale Sozialhilfe. Aber drei Monate später wurde Hartz IV eingeführt. Die Umstellung habe ich also nicht wirklich mitgekriegt.

Hat sich durch Hartz IV etwas verbessert oder eher verschlechtert?
Ich glaube, es läuft auf dasselbe hinaus; bei Hartz IV kommt nur erschwerend hinzu, dass man das alle sechs Monate neu beantragen muss, was bei der Sozialhilfe nicht der Fall war. Außerdem bekommt man jetzt seit August 2006 schon nach zwei Monaten irgendwelche Maßnahmen zugewiesen, aber davon war ich persönlich bisher noch nicht betroffen.

Empfindest du das Geld, das du vom Staat bekommst, als angemessen?
Was soll ich dazu sagen? Ich kriege eine Wohnung be-

zahlt, ich kriege über 300 Euro im Monat ... Früher, als ich Vollzeit beim »Kleidermarkt« gearbeitet habe, habe ich 860 Euro netto verdient. Da ist mir auch nicht viel mehr Geld übrig geblieben. Meine Wohnung kostet schon mal 420 Euro. Ich kann jetzt nicht sagen, dass ich vom Geld, das ich bekomme, gut leben kann, aber andererseits kann ich auch nicht mehr erwarten, da ich ja eigentlich nichts dafür tue. Es ist dann schon ein kleiner Standard, auf dem man leben muss, aber ... mein Gott, ich habe es mir selber ausgesucht.

Was ist für dich zur Zeit finanziell das größte Problem? Womit kommst du zurecht und womit nicht?
Ja, mit dem Geld komme ich ja vorn und hinten nicht zurecht, das ist klar, aber ... Das Schlimmste ist, wenn du dich verschuldest oder einen Monat deine Miete nicht zahlst. Das macht es dann ziemlich unmöglich, sie überhaupt noch zu zahlen.

Aber ich dachte, sie wird direkt an den Vermieter überwiesen.
In meinem Fall waren sie so nett, eine Ausnahme zu machen. Ich habe meinem Vermieter erzählt, ich sei Student, sonst hätte er mich nicht gewollt. Also überweist das Sozialamt erst mal mir das Geld für die Miete, und ich überweise es weiter an meinen Vermieter. Es ist schon mal vorgekommen, dass ich das Geld für die Miete verlagert habe.

Bekommst du Unterstützung von deinen Eltern bzw. Verwandten?
Meine Eltern wohnen weit weg, wir haben nicht den besten Kontakt. Meine Oma schickt mir ab und zu Wurst und Käse und so Zeug, aber Geld hat sie ja selber kaum. Manchmal sind auch 20, höchstens 50 Euro dabei, aber das nicht regelmäßig. Die ersten zwei Wo-

chen im Monat geht es, und die nächsten zwei geht es
dann wieder nicht. Aber irgendwie komme ich immer
über die Runden: Ich esse oft bei Freunden und so.

*Was gibt dir Halt in der momentanen Situation? Denkst
du an die Zukunft, daran, dass es nicht immer so sein
wird?*
Ja, so geht es für mich auf keinen Fall weiter. Ich will
jetzt eine Kochausbildung machen, das hat mir schon
immer gefallen.

Warum hast du damit noch nicht angefangen?
Es hat letztes Jahr leider nicht geklappt. Ich erhoffte
mir eine Ausbildungsstelle bei dem Vater eines Freundes. Er ist Koch.

*Aber du gibst dir also nicht sonderlich Mühe. Als es dort
nicht geklappt hat, hast du dich nicht an anderen Stellen beworben?*
Nein, ich versuche das immer über Kontakte zu machen. Momentan habe ich paar Sachen am Laufen,
schauen wir mal, was daraus wird.

Würdest du sagen, dass man durch Hartz IV etwas fauler wird?
Na ja, vielleicht liegt das auch einfach an mir. Aber
wenn man sich erst mal an diese Situation gewöhnt, ist
es schon schwer, da wieder rauszukommen. Vor allem
sind die Jobs, die man in Aussicht hat, nicht gut bezahlt.
Wie ich bereits erwähnt habe, ist dadurch der Unterschied in der finanziellen Situation auch nicht so groß,
d. h., die Motivation ist gleich Null.

Was hat sich für dich verändert? Unternimmst du weniger? Verreist du nicht mehr so oft?
Bei mir war es noch nie so, dass ich viel gereist wäre

oder mir allgemein viel leisten konnte. Es gab schon Zeiten, in denen ich noch weniger hatte als jetzt. Ich kenne keinen höheren Lebensstandard; vielleicht ist auch das der Grund dafür, dass ich so bequemlich bin und nicht um jeden Preis schnell aus dem Hartz IV will.

Und wie sieht dein momentaner Tagesablauf aus?
Ich gehe spät ins Bett, stehe spät auf, mache mir etwas zum Essen, lese, schaue fern, und irgendwann am frühen Abend treffe ich mich mit Freunden und amüsiere mich.

Zahlen Freunde oft für dich?
In Bars schon. Ich muss aber zugeben, dass es mich auf Dauer schon sehr belastet, ständig bei ihnen verschuldet zu sein. Wir suchen halt billigere Orte oder versammeln uns bei jemandem zu Hause.

Was tust du, um mit dem wenigen Geld klarzukommen? Schaust du immer auf die Preise, sparst du, wo du kannst?
Ich gehe so gut wie nie essen, kaufe immer nur billige Sachen, versuche immer auf die Preise zu schauen. Aber wenn man zwei Wochen den letzten Dreck gegessen hat und dann endlich wieder Geld da ist, will man auch endlich wieder etwas Gutes essen. Und das gönne ich mir dann auch. Eine besondere Technik, mit dem Geld klarzukommen, habe ich nicht. Meistens habe ich das letzte Drittel des Monats nichts mehr. Aber es gibt Menschen, die sehr darauf achten und einen Kostenplan haben. Aber so etwas kann ich nicht.

Was glaubst du, wie geht es für dich weiter?
Ich hoffe, ich finde demnächst einen regelmäßigen Job. Auf jeden Fall warte ich nicht einfach so auf eine Lehrstelle.

Was für einen? In der Gastronomie?
Ja, in irgendeiner Bar oder in einem Café. Da fragen sie dich nicht sofort, was du denn die letzten zwei Jahre gemacht hast. Im Sommer werde ich mich um diese Lehrstelle bemühen.

Kommt denn ein Job vom Arbeitsamt für dich nicht in Frage?
Ich war schon oft da und habe im Computer recherchiert, aber vieles steht natürlich nicht da. Ich glaube, durch persönliche Kontakte zu Menschen komme ich weiter.

Wie ist dein Verhältnis zu den dortigen Sachbearbeitern?
Ich kann mich nicht beklagen. Ich hatte bis jetzt nur nette Sachbearbeiter.
Nur mit dem jetzigen komme ich nicht so gut zurecht, weil wir uns noch nicht so gut kennen, aber im Großen und Ganzen kann ich sagen, dass sie schon Verständnis zeigen und geduldig sind.

Würdest du sagen, du hattest Glück mit ihnen?
Die Tatsache, dass ich noch nie wirklich Stress bekommen habe und noch nie irgendwelche Jobs annehmen musste, die ich nicht will, spricht schon dafür.
Und von Ein-Euro-Jobs habe ich noch nie was gehört. Auch von Freunden nicht, die sich in derselben Situation befinden.
Ich nehme an, das ist eine Alternative für ältere Menschen, die nur eine eingeschränkte Leistung bringen können. Solange man noch jung und offen ist, glauben die Sachbearbeiter an einen.
Ich glaube schon, dass Ein-Euro-Jobs gut sind für manche Arbeitslose – eine gute Chance sind, sich wieder langsam anzugewöhnen, etwas zu tun, ins Berufsleben wieder einzusteigen.

Bist du schon bereit, wieder mit etwas anzufangen?
Auf Dauer langweilt es einen schon, nichts zu machen, also ja.

Also du blickst eher zuversichtlich als resigniert in die Zukunft?
Auf jeden Fall. Ich will wieder arbeiten.

Willst du irgendwann dein Abitur nachholen?
Ich würde es gern probieren mit einem zweiten Bildungsweg. Als ich es damals versucht habe, ist es schlecht gelaufen für mich. Als ich den Sachbearbeitern vom Arbeitsamt erzählte, ich will mein Abitur nachholen, war das keine Lüge. Ich bin drei Monate lang zur Schule gegangen, aber ich hatte keine Wohnung ... es war kompliziert. Ich versuche jetzt, das über die Kochausbildung nachzuholen.

Musstest du denn bei der Anmeldung deine persönlichen Interessen und Wunschberufe angeben?
Ja, ich habe ihnen auch erklärt, dass ich große Erfahrung in der Gastronomie habe, dass ich gut mit Menschen umgehen kann, dass ich sehr gut Englisch spreche usw., woraufhin ich trotzdem zum Schreiner- und Klempnerkurs geschickt wurde. Aber in dem Alter erwarte ich auch keine persönliche Betreuung oder endlose Gespräche wie damals in der Jugendhilfe. Ich bin zum Teil schon selber schuld. Andererseits kann man die Angebote der Behörde nicht wirklich ernst nehmen.

Anhang

Musterbriefe

Die Musterbriefe sind wahlweise an ARGE und Arbeitsagentur adressiert. Bitte passen Sie dies an die jeweilige Situation in Ihrer Kommune an.

Muster 1

Widerspruch gegen ALG-II-Bescheid

An die ARGE
X-straße 1
01010 Y-stadt   Datum ...

Betreff: Az. xxxx ALG-II-Bescheid vom 2. 2. 07
         Frau A.B.

Widerspruch

Sehr geehrte Damen und Herren,

hiermit lege ich gegen den oben bezeichneten Bescheid vom 2. 2. 07 fristgerecht Widerspruch ein. Zur Begründung führe ich aus:

O d e r

Die Begründung wird durch meinen Verfahrensbevollmächtigten nachgereicht.

Mit freundlichen Grüßen

Unterschrift
(A.B.)

Muster 2

Widerspruch gegen Ablehnung des Antrags auf ALG II (Ablehnungsbescheid) wegen Vermögensanrechnung

An die ARGE
X-straße 1
01010 Y-stadt   Datum ...

Betreff: Az. xxxx ALG-II-Bescheid vom 2. 2. 07
         Frau A.B.

Widerspruch

Sehr geehrte Damen und Herren,

hiermit lege ich gegen den oben bezeichneten Bescheid vom 2. 2. 07 fristgerecht Widerspruch ein.

Zur Begründung führe ich aus:
Mit Antrag vom 20.11.2006 hatte ich ALG II beantragt. Mit Bescheid vom 2. 2. 07 wurde der Antrag abgelehnt.
Die ARGE führt aus, ich sei verpflichtet, meine Lebensversicherung mit einem Rückkaufwert von EUR 10 000 vorrangig zu verwerten und sei daher derzeit nicht hilfebedürftig.
Hiergegen wende ich mich mit dem Widerspruch.
Ich bin 45 Jahre alt. Mir steht ein Schonvermögen in Höhe von 150 EUR pro Lebensjahr zu, das sind EUR 6750; hinzu kommt ein Freibetrag in Höhe von EUR 750, insgesamt EUR 7500.
Dennoch muss ich meine Lebensversicherung nicht

verwerten. Ich habe mit dem Versicherer eine Vereinbarung getroffen, wonach eine Verwertung der Kapitallebensversicherung vor dem Ruhestand ausgeschlossen ist.
Somit kann ich den höheren Freibetrag von EUR 250 pro Lebensjahr in Anspruch nehmen, insgesamt EUR 11 250.
Der Rückkaufwert ist geringer; eine vorrangige Verpflichtung zur Verwertung der Lebensversicherung besteht nicht. Dem Antrag auf Gewährung von ALG II ist stattzugeben.

Mit freundlichen Grüßen

Unterschrift
(A.B.)

Muster 3

Widerspruch gegen Ablehnung des Antrags auf ALG II (Ablehnungsbescheid) wegen Einkommensanrechnung bei eheähnlicher Gemeinschaft

An die
ARGE
Z-straße 2
01010 K-stadt   Datum ...

Betreff: Az. xxxx ALG-II-Bescheid vom 2. 2. 07
Frau A.B.

        Widerspruch

Sehr geehrte Damen und Herren,

hiermit lege ich gegen den oben bezeichneten Bescheid vom 2. 2. 07 fristgerecht Widerspruch ein.

Zur Begründung führe ich aus:
Mit Antrag vom 20. 11. 2006 hatte ich ALG II beantragt. Mit Bescheid vom 2. 2. 07 wurde der Antrag abgelehnt.
Zur Begründung wird angeführt, dass ich mit Herrn M. in eheähnlicher Lebensgemeinschaft lebe und Herr M. über ausreichende Einkünfte und Vermögen verfüge, sodass ich als Antragstellerin folglich nicht hilfebedürftig sei.

Hiergegen wende ich mich mit vorliegendem Widerspruch.

Es trifft nicht zu, dass ich mit Herrn M. in einer ehe-ähnlichen Gemeinschaft lebe.
Wir teilen uns dieselbe Wohnung, haben aber keine lebenspartnerschaftlichen Bindungen. Wir führen getrennte Konten, kaufen getrennt ein und führen auch keine gemeinsame Haushaltskasse. Herr M. ist verheiratet und bewohnt als Berufspendler unter der Woche zwei Zimmer der Wohnung.
Bei verständiger Würdigung der Gesamtumstände ist daher nicht anzunehmen, dass Herrn M. eine Verantwortung für meine Existenz trifft. Er hat keine Einstehenspflicht.

Im Bestreitensfall können für die angeführten Umstände Zeugen benannt werden.
Der Ablehnungsbescheid vom 2. 2. 07 ist rechtswidrig und daher aufzuheben.
Es ist antragsgemäß ALG II zu gewähren.

Mit freundlichen Grüßen

Unterschrift
(A.B.)

Muster 4

Widerspruch gegen Ablehnung des Antrags auf ALG II (Ablehnungsbescheid) wegen Einkommensanrechnung bei einer Haushaltsgemeinschaft

An die
ARGE
Z-straße 2
01010 K-stadt   Datum ...

Betreff: Az. xxxx ALG-II-Bescheid vom 2. 2. 07
Name: F.K.

Widerspruch

Sehr geehrte Damen und Herren,

hiermit lege ich gegen den oben bezeichneten Bescheid vom 2. 2. 07 fristgerecht Widerspruch ein.

Zur Begründung führe ich aus:
Mit Antrag vom 20. 11. 2006 hatte ich ALG II beantragt. Mit Bescheid vom 2. 2. 07 wurde der Antrag abgelehnt.
Zur Begründung wird angeführt, dass ich zusammen mit meiner Großmutter eine Haushaltsgemeinschaft bilde und meine Großmutter von ihrer Rente mich regelmäßig unterstützt.
Dem trete ich mit Nachdruck entgegen.
Es trifft zu, dass ich im Haus meiner Großmutter die Mansardenwohnung bewohne. Allerdings führe ich keine Haushaltsgemeinschaft zusammen mit der

Großmutter. Jeder von uns bewohnt eine jeweils zum Hausflur abgeschlossene Wohnung.
Im übrigen bezieht meine Großmutter nur eine kleine Rente von EUR 400; sie ist darauf angewiesen, sich zusätzlich durch eigens angebautes Gemüse aus dem Garten selbst zu versorgen.
Angesichts dieser Umstände kann keinesfalls erwartet werden, dass die Großmutter mich unterstützt; tatsächlich erhalte ich auch keinerlei finanzielle Zuwendungen von der Großmutter und bin hilfebedürftig.

Der Ablehnungsbescheid vom 2. 2. 07 ist rechtswidrig und aufzuheben. Es ist antragsgemäß ALG II zu gewähren.

Mit freundlichen Grüßen

Unterschrift
(F.K.)

Muster 5

Widerspruch gegen ALG-II-Bescheid wegen teilweiser Ablehnung der Übernahme der Unterkunftskosten

An die
Agentur für Arbeit
Z-straße 2
01010 K-stadt   Datum ...

Betreff: Az. xxxx ALG-II-Bescheid vom 2. 2. 07
          Name: S.Z.

Widerspruch

Sehr geehrte Damen und Herren,

hiermit lege ich gegen den oben bezeichneten Bescheid vom 2. 2. 07 fristgerecht Widerspruch ein.
Zur Begründung führe ich aus:
Mit Antrag vom 20. 11. 2006 hatte ich ALG II beantragt. Mit Bescheid vom 2. 2. 07 wurde die Übernahme der vollständigen Mietkosten abgelehnt.
Zur Begründung beruft sich die Agentur für Arbeit darauf, dass meine Wohnung unangemessen sei; die Wohnung sei unangemessen groß und liege im Übrigen EUR 20,40 über dem angemessenen Mietzins. Außerdem enthält der Bescheid die Aufforderung, sich um angemessenen Wohnraum zu bemühen.

Hiergegen wende ich mich mit folgender Begründung:
Die Wohnung hat nicht – wie im Bescheid behauptet – 70 qm, sondern nur 50 qm Wohnfläche. Die Diskre-

panz ist vermutlich darauf zurückzuführen, dass die Wohnung Dachschrägen hat und ein nicht unerheblicher Flächenanteil gar nicht für Wohnzwecke genutzt werden kann.

In Anlage lege ich einen maßstabsgetreuen Plan der Wohnung bei. Die ermittelten 50 qm Wohnfläche stehen mir als Einzelperson aber zu. Im Übrigen entspricht der Quadratmeterpreis der ortsüblichen Miete. Ich verweise auf beigefügten Mietspiegel.

Selbst wenn die Grenzen der Angemessenheit um EUR 20,40 überschritten wären, erscheint ein Wohnungswechsel in jedem Fall als unwirtschaftlich und damit unzumutbar. Die Kosten eines Umzugs würden – ohne Kaution und etwaige doppelte Mietzinszahlungen – mit EUR 1500 zu veranschlagen sein.

Im Hinblick auf die bei einem Umzug verhältnismäßig geringe Einsparung gebietet es der Grundsatz der Wirtschaftlichkeit, dass ich in der Wohnung verbleiben kann und die Agentur für Arbeit in voller Höhe die Mietkosten übernimmt.

Es ist daher antragsgemäß zu entscheiden.

Mit freundlichen Grüßen

Unterschrift
(S.Z.)

Anlagen
– Maßstabsgetreuer Plan der Wohnung
– Mietspiegel

Muster 6

Widerspruch gegen ALG-II–Bescheid wegen Minderung der Leistungen

An die
Agentur für Arbeit
Z-straße 2
01010 K-stadt   Datum ...

Betreff: Az. xxxx ALG-II-Bescheid vom 2. 2. 07
           Frau S.T.

                        Widerspruch

Sehr geehrte Damen und Herren,

hiermit lege ich gegen den oben bezeichneten Bescheid vom 2. 2. 07 fristgerecht Widerspruch ein.
Zur Begründung führe ich aus:
Mit Antrag vom 20. 11. 2006 hatte ich ALG II beantragt.
Mit Bescheid vom 2. 2. 07 wurden mir nur vermindert Leistungen im Rahmen von ALG II gewährt.
Zur Begründung wird angeführt, ich hätte wiederholt die Aufnahme zumutbarer Arbeit verweigert. Dies trifft nicht zu.
Die Agentur für Arbeit hatte mir eine Arbeit als Gärtnereigehilfin angeboten sowie eine Tätigkeit als Aushilfskraft in der Gastronomie.
Richtig ist, dass ich beide Arbeiten nicht ausüben kann.
Für die Ablehnung der Arbeit habe ich aber einen wichtigen Grund.
In der Gärtnerei hätte ich im Freiland arbeiten müssen;

Arbeitsaufgabe wäre gewesen, in gebückter Haltung Unkraut zu jäten, auch bei nasser und kalter Witterung.

In der Gastronomie hätte ich Servicetätigkeit in einem Bierzelt verrichten müssen; ich hätte regelmäßig schwere Lasten (Platten, Bierkrüge) halten, tragen und transportieren müssen. Beide Tätigkeiten kommen im Hinblick auf meinen Gesundheitszustand nicht in Betracht. Sie sind unzumutbar.

Ich leide an schwerem Bandscheibenvorfall. Ärztliche Atteste sind beigefügt. Eine Bandscheibenoperation wird in naher Zukunft durchgeführt. Das regelmäßige Tragen schwerer Lasten ist mir nicht möglich; ebenso wenig kann ich bei Kälte und Nässe Arbeiten mit Zwangshaltungen verrichten.

Atteste hierüber liegen der Agentur für Arbeit vor; sie wurden aber offensichtlich bei der Entscheidung nicht berücksichtigt.

Der Bescheid vom 2. 2. 07 ist daher abzuändern.

Es ist antragsgemäß ALG II in voller Höhe zu gewähren.

Mit freundlichen Grüßen

Unterschrift
(S.T.)

Anlagen
– Ärztliche Atteste

Muster 7

Widerspruch gegen ALG-II–Bescheid wegen Verfahrensfehler

An die
Agentur für Arbeit
Z-straße 2
01010 K-stadt   Datum ...

Betreff: Az. xxxx ALG-II-Bescheid vom 2. 2. 07
 Frau A.B.

 Widerspruch

Sehr geehrte Damen und Herren,

hiermit lege ich gegen den oben bezeichneten Bescheid vom 2. 2. 07 fristgerecht Widerspruch ein.
Zur Begründung führe ich aus:
Mit Antrag vom 20. 11. 2006 hatte ich ALG II beantragt. Mit Bescheid vom 2. 2. 07 wurde nur gekürztes ALG II gewährt; im Übrigen wurde der Antrag abgelehnt.

Zur Begründung führt die Agentur für Arbeit an, ich sei Aufforderungen, zu einem ärztlichen Untersuchungstermin zu erscheinen, nicht nachgekommen. Daher sei mein Anspruch auf ALG II um zehn Prozent zu kürzen. Der Bescheid ist rechtswidrig.

Die Aufforderung, zur ärztlichen Untersuchung zu erscheinen, enthielt keine Belehrung darüber, dass im Falle der Zuwiderhandlung eine Anspruchskürzung zu erwarten sei.

Gemäß § 31 Abs. 2 SGB II hätte ich über diese Rechtsfolge schriftlich belehrt werden müssen. Eine schriftliche Belehrung war nachweislich der Aufforderung nicht beigefügt.
Die Anspruchskürzung ist rechtswidrig.

Der Bescheid ist abzuändern und ALG II vollumfänglich zu gewähren.

Mit freundlichen Grüßen

Unterschrift
(A.B.)

Muster 8

Klage gegen Widerspruchsbescheid

An das
Sozialgericht
K-stadt   Datum ...

           K l a g e

der Frau A.B., wohnhaft ...

g e g en

die Bundesagentur für Arbeit, vertreten durch den Direktor der Agentur für Arbeit ....

Ich erhebe Klage zum Sozialgericht K-stadt und beantrage

1. den Bescheid der Beklagten vom 2. 2. 07 in der Gestalt des Widerspruchsbescheids vom 15. 4. 07 aufzuheben
2. die Beklagte zu verurteilen, antragsgemäß Arbeitslosengeld II zu gewähren.

Begründung:

Die Klägerin hat mit Antrag vom 20.11.2006 Antrag auf ALG II gestellt. Der Antrag war mit Bescheid vom 2. 2. 07 abgelehnt worden. Die Klägerin hat hiergegen fristgerecht Widerspruch erhoben. Der Widerspruch war mit Widerspruchsbescheid vom 15. 4. 07 zurückgewiesen worden.

Die Beklagte begründet die Ablehnung des ALG II damit, dass die Klägerin wiederholt Meldepflichten verletzt habe und ohne wichtigen Grund zumutbare Arbeit nicht aufgenommen habe.
Dies trifft nicht zu. Im Einzelnen:

Die Klägerin war ohne ihr Verschulden gehindert, den Meldepflichten rechtzeitig nachzukommen. Sie war schwer krank und bettlägrig. Ärztliches Attest ist beigefügt.
Im Übrigen ist die Klägerin körperlich nicht in der Lage, die angebotene Arbeit anzunehmen. Es handelt sich um schwere körperliche Arbeit im Freien; die Klägerin hat bisher in einem Kosmetikstudio gearbeitet und ist körperlich nicht belastbar.
Ärztliche Atteste werden vorgelegt.
Im Übrigen wird die Einholung eines Sachverständigengutachtens dies bestätigen.
Der Versagungsbescheid ist rechtswidrig und aufzuheben. Die Klägerin hat Anspruch auf Gewährung von Arbeitslosengeld II.

Gez.

Unterschrift
(A.B.)

Anlage
– Ärztliches Attest

Literaturhinweise und -empfehlungen

Albrecht Brühl (Hrsg.): SGB II: Grundsicherung für Arbeitsuchende. SGB XII: Sozialhilfe. © Deutscher Taschenbuch Verlag. München 2006 (komplette gesetzliche Grundlagen von Hartz IV zum Nachschlagen)

Jonny Bruhn-Tripp/Gisela Tripp: Übersicht über Leistungen der sozialen Grundsicherung für Arbeitslose. © Evangelisches Erwachsenenbildungswerk Westfalen/Lippe e.V. O.O. 2006

Christine Hagen: Wege aus der Sozialhilfe – Wege aus der Armut? Lebensläufe zwischen Integration und Ausgrenzung. © Deutscher Verein für öffentliche und private Fürsorge. Frankfurt am Main 2003 (sehr verständlich geschriebene Dissertation zum Thema mit vielen Fallbeispielen und interessanten Schlussfolgerungen)

Peter Hogarth: Hartz IV – Ratgeber 2006 – Arbeitslosengeld II, Sozialgeld – Ihre Rechte! © Mole Verlag. Hamburg 2006 (verständlich und praxisnah)

Wolfgang Jüngst/Matthias Nick: ZDF WISO Hartz IV – Arbeitslosengeld II. © Campus Verlag GmbH. Frankfurt am Main 2006

Dieter Kerschkamp: Besser leben mit der Hartz IV-Falle. Ein Handbuch für Kämpfer. © Moewig Verlag. Rastatt o.J.

Rainer Roth/Harald Thomé: Leitfaden ALG II/Sozialhilfe von A–Z. © AG TuWas. O.O. 2006
(ein kritischer, sehr engagierter, praxisnaher Ratgeber zu Hartz IV mit vielen Detailinformationen)

Rudolf Stumberger: Hartz IV. Das aktuelle Gesetz mit den neuen Regelungen. Verständliche Erklärungen zum Ausfüllen des Antrags. Hrsg. von Stern. © Linde Verlag. Wien 2006

Rolf Winkel/Hans Nakielski: 111 Tipps zu Arbeitslosengeld II und Sozialgeld. Hrsg. vom DGB-Bundesvorstand. O.O. 2004

Informationen der Bundesagentur für Arbeit

Was? Wie viel? Wer? Finanzielle Hilfen auf einen Blick – 2007
(online unter www.arbeitsagentur.de als PDF-Datei oder Ausdruck)

SGB II, Grundsicherung für Arbeitsuchende. Arbeitslosengeld II/Sozialgeld. Stand: August 2006
(online unter www.arbeitsagentur.de als PDF-Datei oder Ausdruck)

Nützliche Internetadressen

www.tacheles-sozialhilfe.de
(Umfangreiche Informationen zu Hartz IV. Diskussionsforum, Rechtsprechungsdatenbank, nützliche Adresslisten zu unabhängigen Beratungsstellen usw.)
www.erwerbslos.de
(Umfangreiche Informationen der Koordinierungsstelle gewerkschaftlicher Arbeitslosengruppen)
www.bag-shi.de
www.alg-2.info
www.arbeitnehmerkammer.de/sozialpolitik
(Ausführliche Informationen der Arbeitnehmerkammer Bremen zu ALG II und Sozialhilfe mit Gesetzestexten und Hintergrundmaterial)
www.arbeitsagentur.de
www.arbeitslosenverband.org
www.sozialpolitik.de
www.dgb.de
www.sozialgerichtsbarkeit.de
(Gerichtsurteile im Volltext)
www.gib.nrw.de/specials
(Tarifspiegel für den Niedriglohnbereich des Arbeits- und Sozialministeriums in NRW)

Auszüge aus dem SGB II

§ 3 Leistungsgrundsätze.
(2) Erwerbsfähige Hilfebedürftige, die das 25. Lebensjahr noch nicht vollendet haben, sind unverzüglich nach Antragstellung auf Leistungen nach diesem Buch in eine Arbeit, eine Ausbildung oder eine Arbeitsgelegenheit zu vermitteln. Können Hilfebedürftige ohne Berufsabschluss nicht in eine Ausbildung vermittelt werden, soll die Agentur für Arbeit darauf hinwirken, dass die vermittelte Arbeit oder Arbeitsgelegenheit auch zur Verbesserung ihrer beruflichen Kenntnisse und Fähigkeiten beiträgt.

§ 7 Berechtigte.
(3a) Ein wechselseitiger Wille, Verantwortung füreinander zu tragen und füreinander einzustehen, wird vermutet, wenn Partner
1. länger als ein Jahr zusammenleben,
2. mit einem gemeinsamen Kind zusammenleben,
3. Kinder oder Angehörige im Haushalt versorgen oder
4. befugt sind, über Einkommen oder Vermögen des anderen zu verfügen.

§ 8 Erwerbsfähigkeit. (1) Erwerbsfähig ist, wer nicht wegen Krankheit oder Behinderung auf absehbare Zeit außerstande ist, unter den üblichen Bedingungen des allgemeinen Arbeitsmarktes mindestens drei Stunden täglich erwerbstätig zu sein.
(2) Im Sinne von Absatz 1 können Ausländer nur erwerbstätig sein, wenn ihnen die Aufnahme einer Beschäftigung erlaubt ist oder erlaubt werden könnte.

§ 9 Hilfebedürftigkeit. (1) Hilfebedürftig ist, wer seinen Lebensunterhalt, seine Eingliederung in Arbeit und den Lebensunterhalt der mit ihm in einer Bedarfs-

gemeinschaft lebenden Person nicht oder nicht ausreichend aus eigenen Kräften und Mitteln, vor allem nicht
1. durch Aufnahme einer zumutbaren Arbeit,
2. aus dem zu berücksichtigenden Einkommen oder Vermögen
sichern kann und die erforderliche Hilfe nicht von anderen, insbesondere von Angehörigen oder von Trägern anderer Sozialleistungen erhält.

§ 10 Zumutbarkeit. (1) Dem erwerbsfähigen Hilfebedürftigen ist jede Arbeit zumutbar, es sei denn, dass
1. er zu der bestimmten Arbeit körperlich, geistig oder seelisch nicht in der Lage ist,
2. die Ausübung der Arbeit ihm die künftige Ausübung seiner bisherigen überwiegenden Arbeit wesentlich erschweren würde, weil die bisherige Tätigkeit besondere körperliche Anforderungen stellt,
3. die Ausübung der Arbeit die Erziehung seines Kindes oder des Kindes seines Partners gefährden würde; die Erziehung eines Kindes, das das dritte Lebensjahr vollendet hat, ist in der Regel nicht gefährdet, soweit seine Betreuung in einer Tageseinrichtung oder in Tagespflege im Sinne der Vorschriften des Achten Buches oder auf sonstige Weise sichergestellt ist; die zuständigen kommunalen Träger sollen darauf hinwirken, dass erwerbsfähigen Erziehenden vorrangig ein Platz zur Tagesbetreuung des Kindes angeboten wird.
4. die Ausübung der Arbeit mit der Pflege eines Angehörigen nicht vereinbar wäre und die Pflege nicht auf andere Weise sichergestellt werden kann,
5. der Ausübung der Arbeit ein sonstiger wichtiger Grund entgegensteht.
(2) Eine Arbeit ist nicht allein deshalb unzumutbar, weil
1. sie nicht einer früheren beruflichen Tätigkeit des er-

werbsfähigen Hilfebedürftigen entspricht, für die er ausgebildet ist oder die er ausgeübt hat,
2. sie im Hinblick auf die Ausbildung des erwerbsfähigen Hilfebedürftigen als geringerwertig anzusehen ist,
3. der Beschäftigungsort vom Wohnort des erwerbsfähigen Hilfebedürftigen weiter entfernt ist als ein früherer Beschäftigungs- oder Ausbildungsort,
4. die Arbeitsbedingungen ungünstiger sind als bei den bisherigen Beschäftigungen des erwerbsfähigen Hilfebedürftigen.

§ 12 Zu berücksichtigendes Vermögen. (2) Vom Vermögen sind abzusetzen
1. ein Grundfreibetrag in Höhe von 150 Euro je vollendetem Lebensjahr des volljährigen Hilfebedürftigen und seines Partners, mindestens aber jeweils 3100 Euro; der Grundfreibetrag darf für den volljährigen Hilfebedürftigen und seinen Partner jeweils 9750 Euro nicht übersteigen,
1a. ein Grundfreibetrag in Höhe von 3100 Euro für jedes hilfebedürftige minderjährige Kind,
2. Altersvorsorge in Höhe des nach Bundesrecht ausdrücklich als Altersvorsorge geförderten Vermögens einschließlich seiner Erträge und der geförderten laufenden Altersvorsorgebeiträge, soweit der Inhaber das Altersvorsorgevermögen nicht vorzeitig verwendet,
3. geldwerte Ansprüche, die der Altersvorsorge dienen, soweit der Inhaber sie vor dem Eintritt in den Ruhestand auf Grund einer vertraglichen Vereinbarung nicht verwerten kann und der Wert der geldwerten Ansprüche 250 Euro je vollendetem Lebensjahr des erwerbsfähigen Hilfebedürftigen und seines Partners, höchstens jedoch jeweils 16 250 Euro nicht übersteigt,
4. ein Freibetrag für notwendige Anschaffungen in Höhe von 750 Euro für jeden in der Bedarfsgemeinschaft lebenden Hilfebedürftigen.

(3) Als Vermögen sind nicht zu berücksichtigen
1. angemessener Hausrat,
2. ein angemessenes Kraftfahrzeug für jeden in der Bedarfsgemeinschaft lebenden erwerbsfähigen Hilfebedürftigen,
3. vom Inhaber als für die Altersvorsorge bestimmt bezeichnete Vermögensgegenstände in angemessenem Umfang, wenn der erwerbsfähige Hilfebedürftige oder sein Partner von der Versicherungspflicht in der gesetzlichen Rentenversicherung befreit ist,
4. ein selbst genutztes Hausgrundstück von angemessener Größe oder eine entsprechende Eigentumswohnung,
5. Vermögen, solange es nachweislich zur baldigen Beschaffung oder Erhaltung eines Hausgrundstücks von angemessener Größe bestimmt ist, soweit dieses zu Wohnzwecken behinderter oder pflegebedürftiger Menschen dient oder dienen soll und dieser Zweck durch den Einsatz oder die Verwertung des Vermögens gefährdet würde,
6. Sachen und Rechte, soweit ihre Verwertung offensichtlich unwirtschaftlich ist oder für den Betroffenen eine besondere Härte bedeuten würde.
Für die Angemessenheit sind die Lebensumstände während des Bezugs der Leistungen zur Grundsicherung für Arbeitsuchende maßgebend.

§ 15 Eingliederungsvereinbarung. (1) Die Agentur für Arbeit soll im Einvernehmen mit dem kommunalen Träger mit jedem erwerbsfähigen Hilfebedürftigen die für seine Eingliederung erforderlichen Leistungen vereinbaren (Eingliederungsvereinbarung). Die Eingliederungsvereinbarung soll insbesondere bestimmen,
1. welche Leistungen der Erwerbsfähige zur Eingliederung in Arbeit erhält,

2. welche Bemühungen der erwerbsfähige Hilfebedürftige in welcher Häufigkeit zur Eingliederung in Arbeit mindestens unternehmen muss und in welcher Form er die Bemühungen nachzuweisen hat,
3. welche Leistungen Dritter, insbesondere Träger anderer Sozialleistungen, der erwerbsfähige Hilfebedürftige zu beantragen hat.
Die Eingliederungsvereinbarung soll für sechs Monate geschlossen werden. Danach soll eine neue Eingliederungsvereinbarung abgeschlossen werden. Bei jeder folgenden Eingliederungsvereinbarung sind die bisher gewonnenen Erfahrungen zu berücksichtigen. Kommt eine Eingliederungsvereinbarung nicht zustande, sollen die Regelungen nach Satz 2 durch Verwaltungsakt erfolgen.

§ 19 Arbeitslosengeld II. Erwerbsfähige Hilfebedürftige erhalten als Arbeitslosengeld II Leistungen zur Sicherung des Lebensunterhalts einschließlich der angemessenen Kosten für Unterkunft und Heizung. Der Zuschuss nach § 22 Abs. 7 gilt nicht als Arbeitslosengeld II.
Das zu berücksichtigende Einkommen und Vermögen mindert die Geldleistungen der Agentur für Arbeit; soweit Einkommen und Vermögen darüber hinaus zu berücksichtigen ist, mindert es die Geldleistungen der kommunalen Träger.

§ 20 Regelleistung zur Sicherung des Lebensunterhalts. (1) Die Regelleistung zur Sicherung des Lebensunterhalts umfasst insbesondere Ernährung, Kleidung, Körperpflege, Hausrat, Haushaltsenergie ohne die auf die Heizung entfallenden Anteile, Bedarfe des täglichen Lebens sowie in vertretbarem Umfang auch Beziehungen zur Umwelt und eine Teilnahme am kulturellen Leben.

§ 21 Leistungen für Mehrbedarfe beim Lebensunterhalt.
(5) Erwerbsfähige Hilfebedürftige, die aus medizinischen Gründen einer kostenaufwändigen Ernährung bedürfen, erhalten einen Mehrbedarf in angemessener Höhe.
(6) Die Summe des insgesamt gezahlten Mehrbedarfs darf die Höhe der für erwerbsfähige Hilfebedürftige maßgebenden Regelleistung nicht übersteigen.

§ 22 Leistungen für Unterkunft und Heizung. (1) Leistungen für Unterkunft und Heizung werden in Höhe der tatsächlichen Aufwendungen erbracht, soweit diese angemessen sind. Erhöhen sich nach einem nicht erforderlichen Umzug die angemessenen Aufwendungen für Unterkunft und Heizung, werden die Leistungen weiterhin nur in Höhe der bis dahin zu tragenden Aufwendungen erbracht. Soweit die Aufwendungen für die Unterkunft den der Besonderheit des Einzelfalles angemessenen Umfang übersteigen, sind sie als Bedarf des allein stehenden Hilfebedürftigen oder der Bedarfsgemeinschaft so lange zu berücksichtigen, wie es dem allein stehenden Hilfebedürftigen oder der Bedarfsgemeinschaft nicht möglich oder nicht zuzumuten ist, durch einen Wohnungswechsel, durch Vermieten oder auf andere Weise die Aufwendungen zu senken, in der Regel jedoch längstens für sechs Monate. Rückzahlungen und Guthaben, die den Kosten für Unterkunft und Heizung zuzuordnen sind, mindern die nach dem Monat der Rückzahlung oder der Gutschrift entstehenden Aufwendungen; Rückzahlungen, die sich auf die Kosten für Haushaltsenergie beziehen, bleiben insoweit außer Betracht.
(2a) Sofern Personen, die das 25. Lebensjahr noch nicht vollendet haben, umziehen, werden ihnen Leistungen für Unterkunft und Heizung für die Zeit nach einem

Umzug bis zur Vollendung des 25. Lebensjahres nur erbracht, wenn der kommunale Träger dies vor Abschluss des Vertrages über die Unterkunft zugesichert hat. Der kommunale Träger ist zur Zusicherung verpflichtet, wenn

1. der Betroffene aus schwerwiegenden sozialen Gründen nicht auf die Wohnung der Eltern oder eines Elternteils verwiesen werden kann,
2. der Bezug der Unterkunft zur Eingliederung in den Arbeitsmarkt erforderlich ist oder
3. ein sonstiger, ähnlich schwerwiegender Grund vorliegt.

Unter den Voraussetzungen des Satzes 2 kann vom Erfordernis der Zusicherung abgesehen werden, wenn es dem Betroffenen aus wichtigem Grund nicht zumutbar war, die Zusicherung einzuholen. Leistungen für Unterkunft und Heizung werden Personen, die das 25. Lebensjahr noch nicht vollendet haben, nicht erbracht, wenn diese vor der Beantragung von Leistungen in eine Unterkunft in der Absicht umziehen, die Voraussetzungen für die Gewährung der Leistungen herbeizuführen.

(5) Sofern Leistungen für Unterkunft und Heizung erbracht werden, können auch Schulden übernommen werden, soweit dies zur Sicherung der Unterkunft oder zur Behebung einer vergleichbaren Notlage gerechtfertigt ist. Sie sollen übernommen werden, wenn dies gerechtfertigt und notwendig ist und sonst Wohnungslosigkeit einzutreten droht. Vermögen nach § 12 Abs. 2 Nr. 1 ist vorrangig einzusetzen. Geldleistungen sollen als Darlehen erbracht werden.

§ 24 Befristeter Zuschlag nach Bezug von Arbeitslosengeld. (1) Soweit der erwerbsfähige Hilfebedürftige Arbeitslosengeld II innerhalb von zwei Jahren nach dem Ende des Bezugs von Arbeitslosengeld bezieht, er-

hält er in diesem Zeitraum einen monatlichen Zuschlag. Nach Ablauf des ersten Jahres wird der Zuschlag um 50 vom Hundert vermindert.
(2) Der Zuschlag beträgt zwei Drittel des Unterschiedsbetrages zwischen
1. dem von dem erwerbsfähigen Hilfebedürftigen zuletzt bezogenen Arbeitslosengeld und dem nach dem Wohngeldgesetz erhaltenen Wohngeld und
2. dem dem erwerbsfähigen Hilfebedürftigen und den mit ihm in Bedarfsgemeinschaft lebenden Angehörigen erstmalig nach dem Ende des Bezuges von Arbeitslosengeld zustehenden Arbeitslosengeld II nach § 19 oder Sozialgeld nach § 28; verlässt ein Partner die Bedarfsgemeinschaft, ist der Zuschlag neu festzusetzen.
(3) Der Zuschlag ist im ersten Jahr
1. bei erwerbsfähigen Hilfebedürftigen auf höchstens 160 Euro,
2. bei Partnern auf insgesamt höchstens 320 Euro und
3. für die mit dem Zuschlagsberechtigten in Bedarfsgemeinschaft zusammenlebenden Kinder auf höchstens 60 Euro pro Kind
begrenzt.
(4) Der Zuschlag ist im zweiten Jahr
1. bei erwerbsfähigen Hilfebedürftigen auf höchstens 80 Euro,
2. bei Partnern auf höchstens 150 Euro und
3. für die mit dem Zuschlagsberechtigten in Bedarfsgemeinschaft zusammenlebenden minderjährigen Kinder auf höchstens 30 Euro pro Kind begrenzt.

§ 29 Einstiegsgeld. (1) Zur Überwindung von Hilfebedürftigkeit kann erwerbsfähigen Hilfebedürftigen, die arbeitslos sind, bei Aufnahme einer sozialversicherungspflichtigen oder selbständigen Erwerbstätigkeit ein Einstiegsgeld erbracht werden, wenn dies zur Eingliederung in den allgemeinen Arbeitsmarkt erforderlich ist. Das Einstiegsgeld kann auch erbracht werden, wenn die Hilfebedürftigkeit durch oder nach Aufnahme der Erwerbstätigkeit entfällt.

§ 30 Freibeträge für Erwerbstätigkeit. Bei erwerbsfähigen Hilfebedürftigen, die erwerbstätig sind, ist von dem monatlichen Einkommen aus Erwerbstätigkeit ein weiterer Betrag abzusetzen. Dieser beläuft sich
1. für den Teil des monatlichen Einkommens, das 100 Euro übersteigt und nicht mehr als 800 Euro beträgt, auf 20 vom Hundert und
2. für den Teil des monatlichen Einkommens, das 800 Euro übersteigt und nicht mehr als 1200 Euro beträgt, auf 10 vom Hundert.
An Stelle des Betrages von 1200 Euro tritt für erwerbsfähige Hilfebedürftige, die entweder mit mindestens einem minderjährigen Kind in Bedarfsgemeinschaft leben oder die mindestens ein minderjähriges Kind haben, ein Betrag von 1500 Euro.

§ 31 Absenkung und Wegfall des Arbeitslosengeldes II und des befristeten Zuschlages. (2) Kommt der erwerbsfähige Hilfebedürftige trotz schriftlicher Belehrung über die Rechtsfolgen einer Aufforderung des zuständigen Trägers, sich bei ihr zu melden oder bei einem ärztlichen oder psychologischen Untersuchungstermin zu erscheinen, nicht nach und weist er keinen wichtigen Grund für sein Verhalten nach, wird das Arbeitslosengeld II unter Wegfall des Zuschlags nach § 24 in einer ersten Stufe um 10 vom Hundert der für den erwerbsfähigen Hilfebedürftigen nach § 20 maßgebenden Regelleistung abgesenkt.

§ 37 Antragserfordernis. (1) Die Leistungen der Grundsicherung für Arbeitsuchende werden auf Antrag erbracht.

(2) Leistungen der Grundsicherung für Arbeitsuchende werden nicht für Zeiten vor der Antragstellung erbracht. Treten die Anspruchsvoraussetzungen an einem Tag ein, an dem der zuständige Träger von Leistungen nach diesem Buch nicht geöffnet hat, wirkt ein unverzüglich gestellter Antrag auf diesen Tag zurück.

§ 65 Übergangsvorschriften. (4) Abweichend von § 2 haben auch erwerbsfähige Hilfebedürftige Anspruch auf Leistungen zur Sicherung des Lebensunterhaltes, die das 58. Lebensjahr vollendet haben und die Regelvoraussetzungen des Anspruchs auf Leistungen zur Sicherung des Lebensunterhalts allein deshalb nicht erfüllen, weil sie nicht arbeitsbereit sind und nicht alle Möglichkeiten nutzen und nutzen wollen, ihre Hilfebedürftigkeit durch Aufnahme einer Arbeit zu beenden. Vom 1. Januar 2006 an gilt Satz 1 nur noch, wenn der Anspruch vor dem 1. Januar 2006 entstanden ist und der erwerbsfähige Hilfebedürftige vor diesem Tag das 58. Lebensjahr vollendet hat. § 428 des Dritten Buches gilt entsprechend.

Gerichtsurteile zu Hartz IV

Die Urteile der Sozialgerichte haben viele Regelungen des Sozialgesetzbuches II näher bestimmt. Wichtige Urteile sind in diesem Buch in Infokästen abgedruckt. Die folgende Übersicht zeigt Ihnen, auf welchen Seiten Sie Richtersprüche zu bestimmten Themen finden.

Badezimmer 48
Bahnfahrten 72
Bedarfsgemeinschaft 33–34
Befragung von Dritten 34
Darlehen 51
Eigenheimzulage 65
Eigentumswohnung 44, 47
Ein-Euro-Job 118
Einkommen 89
Fahrtkosten 35, 48, 72
Fortbildungsmaßnahme 112
Gemeinnützigkeit von Ein-Euro-Jobs 118
Heizkosten 49
Kind
  Betreuung 47
  Geburt, einmalige Leistungen bei 56
  Kontakt bei Getrenntlebenden 35, 48, 72
Lebenspartnerschaft 34

Lohnhöhe, zumutbare 118
Makler 49
Mieter 44
Mietpreis 48
Mietschulden 51
Missbrauch von Leistungen, Verdacht auf 35
Renovierungskosten 50
Steuererstattung 89
Tariflohn unter Sozialhilfeniveau 118
Übernachtungskosten 72
Umzug 48
Unabweisbarer Bedarf 72
Untervermietung 44
Vermögen 89
Wasserverbrauch 50
Wohnraum, Angemessenheit von 44, 47–49
Wohnung, möblierte 49
Wohnungssuche 49

Stichwortverzeichnis

Antrag auf ALG II 30, 32, 63, 78, 86–106, 110, 121
Arbeitslosengeld (I) 40, 57–58, 86, 95, 105-106, 114, 126
Bedarfsgemeinschaft 27–33, 35, 38–39, 47, 52, 57, 63, 124
Bekleidung siehe Kleidung
Eheähnliche Gemeinschaft 27–28, 31, 33–34, 72
eBay 172–184

Eingliederungsvereinbarung 109–114, 124, 168
Ein-Euro-Job 116–118, 124
Einkommen 27, 63, 119, 123, 125
  Abzüge 65–66
  Angabe im Antrag 92
  Bedarfsgemeinschaft 29, 63, 71, 79
  Definition 64–65
  Freibeträge 71, 76–77
Einmaliger Bedarf 40, 55–56, 58
Einstehensgemeinschaft 30, 124
Einstiegsgeld 113–114
Erwerbsfähigkeit 25, 125
Freibetrag
  Einkommen 71, 76–77
  Vermögen 77
Freundschaft 60, 139–140, 155–162
Haushaltsgemeinschaft 31–33, 99, 104, 201
Hilfebedürftigkeit 26, 125
Heizkosten 41, 49, 57, 80–85
Kinderzuschlag 92
Klage 123, 209
Kleiderkammer 171
Kleidung 39, 171
  Berufskleidung 66, 71
Kontakte, soziale 162–164
Krankheit 52
Lebensmittel 166–170
Leistungskürzungen 118–120

Mehrbedarf 99, 120, 125
  Alleinerziehende 83
  Krankheit 52
  Schwangerschaft 55
Miete 43, 80–85
  Mietschulden 51
  Mietspiegel 42, 43
  Untervermietung 44
Motivation, intrinsische 143–146
Musterbriefe 196–210
Musterrechnungen 80–85
Nahrungsmittel siehe Lebensmittel
Regelleistung 37–38
Sparen, Tipps zum 165–184
Tafel 166–167
Übergangsbeihilfe 113
Vermögen
  Abzüge 68–69
  Angabe im Antrag 92, 102
  Bedarfsgemeinschaft 63
  Definition 67
  Freibeträge 77–79
Verwaltungsakt 26, 121
Widerspruch 25, 116, 121–122, 126, 196–208
Wohngemeinschaft 32–33, 99, 126
Wohnung siehe Unterkunft
Unabweisbarer Bedarf 59, 72
Unterkunft 40–51
Zuschlag, befristeter monatlicher 56, 58, 80–85, 105, 199